who?

글·그림 김모락

한국 만화 스토리 작가 협회 소속으로, 어린이들에게 재미와 감동을 주는 책을 쓰기 위해 노력하는 작가입니다. 홍보 만화와 창작 만화, 인물 학습 만화, 과학 학습 만화 등을 작업하고 있습니다. 작품으로는 《KBS 스펀지 2.0 학습 만화》 시리즈(9권)와 《한 발 먼저 알자! 알자! 통일신라와 발해》, 《역사로드 한국사》 등이 있습니다.

감수 경기초등사회과연구회
진로 탐색 감수 이랑(한국고용정보원 전임연구원)
추천 송인섭(숙명 여자 대학교 명예 교수)

 세계 인물

드와이트 아이젠하워

개정판 1쇄 인쇄 2024년 11월 15일
개정판 1쇄 발행 2025년 1월 1일

글·그림 김모락

펴낸이 김선식
펴낸곳 다산북스

부사장 김은영
어린이사업부총괄이사 이유남
책임편집 박세미 **디자인** 김은지 **책임마케터** 김희연
어린이콘텐츠사업1팀장 박정민 **어린이콘텐츠사업1팀** 김은지 박세미 강푸른
마케팅본부장 권장규 **마케팅3팀** 최민용 안호성 박상준 김희연
편집관리팀 조세현 김호주 백설희 **저작권팀** 이슬 윤제희 **제휴홍보팀** 류승은 문윤정 이예주
재무관리팀 하미선 김재경 임혜정 이슬기 김주영 오지수
인사총무팀 강미숙 이정환 김혜진 황종원
제작관리팀 이소현 김소영 김진경 최완규 이지우 박예찬
물류관리팀 김형기 김선민 주정훈 김선진 한유현 전태연 양문현 이민운

출판등록 2005년 12월 23일 제313-2005-00277호
주소 경기도 파주시 회동길 490
전화 02-704-1724 **팩스** 02-703-2219
다산어린이 카페 cafe.naver.com/dasankids **다산어린이 블로그** blog.naver.com/stdasan
종이 신승INC **인쇄** 북토리 **코팅 및 후가공** 평창피엔지 **제본** 대원바인더리

ISBN 979-11-306-5815-5 14990

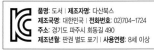

품명: 도서 **제조자명**: 다산북스
제조국명: 대한민국 | **전화번호**: 02)704-1724
주소: 경기도 파주시 회동길 490
제조년월: 판권 별도 표기 | **사용연령**: 8세 이상

※ KC마크는 이 제품이 공통안전기준에 적합하였음을 의미합니다.

드와이트 아이젠하워

Dwight Eisenhower

디씬
어린이

자신만의 멘토를 만날 수 있는
who? 시리즈

다산어린이의 〈who?〉 시리즈는 어린이들은 물론 어른들에게도 재미와 감동을 주는 교양 만화입니다. 〈who?〉 시리즈는 전 세계 인류에 영향력을 끼친 인물들로 구성되었으며 인물들의 삶과 사상을 객관적으로 전해 줍니다.

이처럼 다양한 나라와 분야에서 활약한 위인들의 이야기를 통해 과학, 예술, 정치, 사상에 관한 정보는 물론이고, 나라별 문화와 역사까지 배우게 될 것입니다. 〈who?〉 시리즈의 가장 큰 장점은 위인들이 그들의 삶에서 겪은 기쁨과 슬픔, 좌절과 시련, 감동을 어린이들이 함께 느낄 수 있다는 것입니다. 어린이들은 이 책을 읽으면서 폭넓은 감수성을 함양하게 됩니다.

〈who?〉 시리즈의 어린이 독자들이 책 속의 위인들을 통해 자신만의 멘토를 만나 미래의 세계적인 리더로 성장하기를 진심으로 응원합니다.

존 덩컨 미국 UCLA 동아시아학부 교수

존 덩컨(John B. Duncan) 교수는 한국학 분야의 세계적인 석학으로 미국 UCLA 한국학 연구소 소장 및 동 대학의 동아시아학부 교수를 겸직하고 있습니다. 하버드 대학교 교환 교수와 고려 대학교 해외 교육 프로그램 연구센터장을 역임했으며, 주요 저서로는 《조선 왕조의 기원》, 《조선 왕조의 시민 행정의 제도적 기초》 등이 있습니다.

세상을 더 나은 곳으로 만든
사람들의 이야기

어린이들은 자라면서 수많은 궁금증을 가지게 됩니다. 그중에서도 "저 사람은 누굴까?"라는 질문은 종종 아이들의 머릿속을 온통 지배해 버리기도 합니다. 다산어린이에서 출간된 〈who?〉 시리즈는 그런 궁금증을 해결해 주기 위해 지구촌 다양한 분야의 리더들을 소개하고 있습니다.

〈who?〉 시리즈에 등장하는 인물들은 인종과 성별을 넘어 세상을 더 나은 곳으로 만든 사람들입니다. 어린이들은 이 책에서 디지털 아이콘으로 불리는 스티브 잡스는 물론 니콜라 테슬라와 같은 천재 발명가를 만날 수 있습니다.

책 속 주인공들의 어린 시절 이야기를 통해 기쁨과 슬픔, 도전과 성취감을 함께 맛보고, 그들과 함께 성장하면서 스스로 창조적이고 인류에 도움이 되는 사람이 되겠다는 포부와 자신감을 갖게 될 것입니다.

〈who?〉 시리즈 속에서 다채롭고 생동감 넘치는 위인들의 이야기를 만나 보세요.

에드워드 슐츠 하와이 주립 대학교 언어학부 교수

에드워드 슐츠(Edward J. Shultz) 하와이 주립 대학교 언어학부 교수는 동 대학의 한국학센터 한국학 편집장을 역임한 세계적인 석학입니다. 평화봉사단 활동의 하나로 한국에서 영어 교사로 근무한 경험이 있으며, 현재 한국과 미국, 일본을 오가며 활발한 활동을 펼치고 있습니다. 저서로는 《중세 한국의 학자와 군사령관》, 《김부식과 삼국사기》 등이 있고, 한국 중세사와 정치에 대한 다수의 기고문을 출간했습니다.

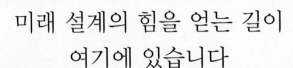

미래 설계의 힘을 얻는 길이
여기에 있습니다

어린이가 성장하는 시기에는 스스로 미래를 설계하며 다양한 책을
접하는 경험이 필요합니다.

어린 시절 만난 한 권의 책이 인생에 미치는 영향이 얼마나 큰지는
꿈을 이룬 사람들의 말을 통해서 알 수 있습니다. 빌 게이츠는 오늘날
자신을 만든 것은 동네의 작은 도서관이었다고 말하고, 오프라 윈프리는
어린 시절 유일한 친구는 책이었음을 고백하며 독서의 중요성에 대해
이야기합니다.

꿈을 이룬 사람들의 공통점은 또 있습니다. 그들에게는 어린 시절,
마음속에 품은 롤 모델이 있었습니다. 여러분의 롤 모델은 누구인가요?
〈who?〉 시리즈에서는 현재 우리 어린이들이 가장 닮고 싶어하는 롤
모델을 만날 수 있습니다. 버락 오바마, 빌 게이츠, 조앤 롤링, 스티브
잡스 등 세상을 바꾼 사람들의 감동적인 이야기를 담은 〈who?〉 시리즈는
어린이들이 구체적인 목표를 설정하고 희망찬 비전을 세울 수 있도록
도와줄 친구이면서 안내자입니다. 〈who?〉 시리즈를 통하여 자신의 인생
모델을 찾고 미래 설계의 힘을 얻을 수 있습니다.

송인섭 숙명 여자 대학교 명예 교수

숙명 여자 대학교 명예 교수이자 한국영재교육학회 회장으로
자기주도학습 분야의 최고 권위자입니다. 한국교육심리연구회
회장, 한국교육평가학회장, 한국영재연구원 원장을 역임했습니다.
자기주도학습과 영재 교육의 이론을 실제 교육 현장에 적용하기 위해
노력하고 있습니다.

평생을 이끌어 줄
최고의 멘토를 만날 수 있는 책

10대에 가장 중요한 것은 무엇일까요? 학과 공부와 입시일까요? 우리나라 최초의 국제회의 통역사로 30년 동안 활동하면서 글로벌 리더들을 만날 기회가 수없이 많았던 저는 대한민국의 초등학생들에게 특별한 조언을 해 주고 싶습니다. 그것은 큰 꿈을 가지는 것이 무엇보다 중요하다는 것입니다.

꿈은 힘들고 지칠 때 나를 이끌어 주는 힘이고 내 인생의 주인이 되어 일어설 수 있게 하는 원동력이 되어 줍니다. 꿈이 있는 아이가 공부도 잘하고 결국 그 꿈을 실현할 수 있게 되는 것입니다. 저 역시 어린 시절 품었던 꿈이 지금의 자리에 있게 한 원동력이었습니다. 남들이 모르는 큰 꿈을 마음속에 간직하고 있었기에 괴롭고 힘들어도 포기하지 않고 다시 일어설 수 있었습니다.

어린 시절 저에게도 힘들고 지칠 때마다 용기를 불어넣어 주고 힘이 되어 주었던 분들이 있었습니다. 지금의 자리로 저를 이끌어 준 멘토들처럼 〈who?〉 시리즈에서 여러분의 친구이자 형제, 선생이 되어 줄 멘토를 만날 수 있기를 바랍니다.

최정화 한국 외국어 대학교 교수

우리나라 최초의 국제회의 통역사로 현재 한국 외국어 대학교 통번역대학원 교수로 재직 중입니다. 세계 무대에서 자신의 꿈을 이룬 여성 신화의 주인공으로, 역시 세계에서 꿈을 펼치려고 하는 청소년들에게 멘토로서의 역할을 충실히 하고 있습니다. 저서로는 《외국어 내 아이도 잘할 수 있다》, 《외국어를 알면 세계가 좁다》, 《국제회의 통역사 되는 길》 등이 있습니다.

Dwight Eisenhower

드와이트 아이젠하워

- 이름: 드와이트 아이젠하워
- 생몰년: 1890~1969년
- 국적: 미국
- 직업·활동 분야: 군인, 대통령
- 주요 업적: 제2차 세계
  대전 당시 유럽 연합군 최고
  사령관(1943~1945년)
  제34대 미국 대통령(1953~
  1961년)

어린 시절 드와이트 아이젠하워는 싸움만 일삼던 소년이었습니다. 공부도 잘하지 못했어요. 군인이 된 후에도 오랫동안 어떤 주목도 받지 못했지요. 하지만 그는 위기 상황에 강했습니다. 제2차 세계 대전 당시 연합군 최고 사령관이 된 아이젠하워, 그는 어떻게 전쟁을 승리로 이끌고 전 세계적인 영웅이 될 수 있었을까요?

더글러스 맥아더

더글러스 맥아더는 제2차 세계 대전 당시 진주만을 기습한 일본을 공격해 항복시켰습니다. 이외에도 맥아더는 커다란 전쟁을 진두지휘하며 승리를 이끈 전략가이자 영웅이에요. 아이젠하워는 맥아더가 육군 참모 총장 시절 그의 참모가 되어 군인으로서 필요한 많은 것들을 배웁니다.

아돌프 히틀러

독일의 정치가이자 독재자였던 아돌프 히틀러는 제1차 세계 대전의 패배로 독일이 사회, 경제적으로 심각한 침체에 빠지자 이런 상황을 반전시키고자 전쟁을 일으킵니다. 독일은 이탈리아, 일본과 손잡았고 이에 맞서 미국, 영국, 소련, 프랑스 등이 연합해 대항하면서 제2차 세계 대전이 일어났어요. 아이젠하워는 유럽 연합군의 최고 사령관으로 히틀러의 독일 군대에 맞서 싸웁니다.

들어가는 말

■ 제2차 세계 대전을 승리로 이끈 탁월한 군인이자, 미국의 대통령으로 국민들의 존경을 받은 드와이트 아이젠하워에 대해 알아봅시다.

■ 제2차 세계 대전의 원인과 결과는 무엇인지 함께 살펴봐요.

■ 드와이트 아이젠하워의 이야기를 통해 군인이 하는 일에 대해 알아봐요. 또 진정한 군인의 모습은 어떤 것인지 함께 생각해 봅시다.

1 가난한 집 셋째 아들

드와이트 아이젠하워는 1890년 10월 14일, 미국 텍사스주 데니슨에서 태어났습니다.

내 이름은 아이젠하워야.

그냥 아이크라고 불러도 돼.

반가워~ 아이크, 난 수잔이라고 해.

수잔? 예쁜 이름이네.

수잔! 여기서 뭐 하는 거야?

찰리 오빠!

꾀죄죄한 차림을 보니 북쪽 마을 촌뜨기로군.

북쪽 마을 근처에는 가지도 말랬잖아. *이라도 옮으면 어쩌려고 그래?

오, 오빠!

뭐야, 너 말 다했어?

*이: 사람이나 가축의 몸에 기생하며 피해를 주는 작은 곤충

별로 싱싱하지도 않는데 왜 이리 비싸?

그러게? 이 옥수수는 벌레 먹었네.

그럴 리가요. 오늘 아침에 따서 가져온 거라고요.

토마토 한 바구니에 5센트면 되겠네.

옥수수 한 개에 1센트면 적당하겠어.

너무들 하세요! 채소 재배하는 게 마나 힘든 줄 아세요?

버럭

정당한 가격을 치르셔야죠!

…… 라고 확 질러 버리고 싶지만,

그럼 토마토는 7센트, 옥수수는 2센트씩에 가져가세요.

에드가 형

응?

그 아래는 저도 곤란해요.

그래도 비싼데?

너 인마 거기 안 서?

뭐, 뭐야?

너 또 사고 쳤냐?

일단 뛰어!

뚱보 녀석이랑 한바탕 붙었는데 힘으로 도저히 안 되겠다 싶어 반칙을 썼어.

어떤 반칙?

녀석의 얼굴에 개똥을 발라 주었지. 히히히!

하핫, 잘했다!

도망갈 필요 없어. 녀석들을 혼내 주자.

둘이 상대하기엔 벅차.

아서 형만 같이 왔어도 해볼 만할 텐데……

거기 서!

그…… 그만 쫓아가자.

무슨 소리야? 잡아서 본때를 보여 줘야지!

조만간 녀석을 직접 만나러 갈 거야. 그때 이 치욕을 10배로 갚아 주겠어.

그나저나 채소를 다 못 팔았으니 어떡한담? 분명 엄마의 불호령이 떨어질 텐데…….

남은 채소를 버리고, 한번에 싸게 팔았다고 대충 둘러댈까?

채소를 다 팔았는데 왜 돈은 이것밖에 안 되는 거니?

그, 그게 떨이로 싸게 팔아서 그래요.

그래?

으, 응.

휴, 아이들은 점점 커 가는데……

기계공이었던 아버지의 적은 수입으로 생활해야 했던 아이젠하워의 가족들은 늘 가난에 허덕였습니다. 때문에 식구들은 모두 집안일을 도와야만 했습니다.

이번 주에는 아서가 장작을 패.

에드가는 가축들 먹이를 주고, 아이크는 물을 길어 오너라.

물 길러 간 아이크는 아직까지 안 오는 거야?

물통은 그대로 있는 걸요?

뭐?

이 녀석이 또……?

아이크, 너 거기 있는 거 엄마가 다 알고 있으니 당장 내려오너라!

헉!

에드가 형의 일과 바꿔 주세요. 물 긷는 일은 너무 힘들어요.

에드가는 지난주에 물 당번을 했잖니!

바꿔 줄 때까지 내려가지 않을 거예요.

그래?

그럼 그렇게 하렴.

네에……?

아이크, 네 일을 아서가 대신 했다는 게 사실이니?

저…… 그게 물 긷는 일이 너무 힘들어서요.

그럼 아서한테는 그 일이 쉬울 거라 생각했단 말이냐?

아서 형은 저보다 힘이 세잖아요.

규칙은 규칙이다! 규칙을 어겼으니 오늘 저녁은 굶는다. 알겠느냐?

부모님은 원칙과 규칙을 두고 자식들을 엄하게 교육시켰습니다.

아이크,
밥 먹어.

아빠가 난
먹지 말래.

아이크는 규칙을
어겼으니 벌을 받는
거야.

아, 배고파.

꼬르륵

하긴……,
잘못을 하면
벌을 받아야지.

배 많이 고팠지?

아버지 말씀처럼 규칙은 지켜야 하는 거란다.

네, 엄마. 반성하고 있어요.

그러던 어느 날

큰일 났어요!

알이 음악당에서 놀다가 눈을 못에 찔렸대요!

뭐, 뭐라고?

괜찮을까요?

안됐습니다만, 상처가 너무 심해 시력을 잃을 수 있는 상황입니다.

아, 양쪽 눈이 실명이라니······!

차라리 못에 찔린 눈이 3년 전 실명되었던 눈이었다면 나았으려나······.

아이크! 넌 옆에서 동생도 돌보지 않고 뭐 했어?

맞아! 모두 내 잘못이야······.

됐다. 그 누구의 잘못도 아닌 우리 모두의 잘못이다.

부모님은 알의 불행에 대해 가족들이 자신과 서로를 원망하며 살기를 원치 않았습니다.

아이젠하워는 두 살 터울인 형 에드가와 자주 싸우기도
했지만 둘은 늘 붙어 다니는 단짝이었습니다.

너 주먹 제법 매워졌다.

한편, 엄했던 아버지는 아이들 잘못에는
과할 정도의 벌을 주곤 했습니다.

학교 수업을 빼먹어?

철썩

철

떡

아악, 잘못했어요. 아버지!

아버지가 그리 가르쳤더냐?

아버지, 그만하세요.

너도 맞고 싶지 않으면 저리 비켜라!

콱

채찍으로 사람을 때려선 안 돼요!

다음에는 이 정도로 그치지 않을 거다!

형, 괜찮아?

흑흑. 어떻게 괜찮겠어.

왜 시비를 걸기만 하고 도망쳤느냐?

그……그게, 쟤들은 저보다 덩치도 크고 힘도 센걸요.

그럼 앞으로도 만날 저 아이들을 피해서 다닐 생각이냐?

남자답게 정정당당하게 붙어 보는 것도 의미가 있다. 무슨 말인지 알겠느냐?

아…… 아버지.

뭐야? 겁도 없이 다시 나타났네.

킥킥

설마 다 같이 나한테 덤빌 생각은 아니겠지?

쿠당

저 녀석이?

찰리가 한방에
나가떨어졌어.

이,
이럴 수가…….

비겁하게 방심한
틈을 노리다니!

맞고 싶으면
얼마든지
덤벼라!

움찔

뭐 하고 있어?
보고만 있을 거냐?

아, 그……그게.

아무래도 다음 기회를 보는 게 좋겠어.

두고 보자.

얼마든지!

그거 봐. 해낼 수 있잖니?

아버지~

어때? 속이 후련하고 기분 좋지 않니?

네. 정말 좋아요. 저한테 이런 용기가 있는 줄 몰랐어요.

세상에는 겉보기에는 그럴듯하나 속은 그렇지 않은 사람이 많단다.

스스로 자신감과 용기를 가지는 게 중요하지.

아버지의 가르침은 아이젠하워에게 어떠한 힘 앞에서도 물러서지 않는 용기와 자신감을 심어 주었습니다.

네, 아버지. 명심하겠습니다.

독실한 신앙인이었던 부모의 영향으로 아이젠하워는 늘 성경책을 가까이 했습니다.

지금 이 순간에도 배고픔과 질병, 고된 노동으로 고통받는 사람들이 많습니다.

부디 이러한 사람들이 고통을 떨쳐 일어날 수 있도록 힘과 용기를 내려 주십시오.

아멘.

아무리 책 읽기를 좋아해도 그렇지, 《성경》이 그렇게 재밌냐?

그럼~

근데 더 재미있는 책은 따로 있지.

바로 고대 영웅담 시리즈!

짠

특히 카르타고의 장군 한니발 이야기는 정말 생생해.

코끼리 부대를 이끌고 알프스 산맥을 넘었다는 게 상상이나 돼?

한니발은 로마를 기상천외한 방법으로 공격했고,
결국 큰 승리를 거두었어.

그런 기발하고
대단한 전략을
생각해 내다니!

나도 장차 그런
훌륭한 장군이
될 테야.

우리 집안에 장군이
나오겠는걸?

너 같은 약골이
장군이 되면 내가
네 동생 한다.

그때 가서
다른 말하기
없기다.

모두 거실로
모이거라.

이건 '메이플라워 서약서'란 문서란다.

미국 건국의 이념이 깃들어 있지. 앞으로 매주 한 번씩 이것을 *복창하거라.

네에

이런, 귀찮게 생겼네.

다수결 원칙에 따라 미국을 운영할 것을 서명합니다.

뭐야? 아이크 녀석.

아버지가 안 계실 때는 안 해도 될 것을……

요녀석들!

내가 없으면 안 하는구나!

아얏!

아버지, 한 번 더 읽을까요?

아이젠하워는 어릴 때부터 독실한 신앙심과 나라를 사랑하는 애국심을 함께 길렀습니다.

*복창: 남의 말을 그대로 받아서 다시 욈

아이젠하워의 성공 열쇠

드와이트 아이젠하워(1890~1969년)는 제2차 세계 대전의
영웅입니다. 그는 독일을 이기고 전쟁을 끝내는 데 큰
기여를 했어요. 유럽 연합군 최고 사령관의 자리에서 287만
6천 명이라는 역사상 가장 큰 군대를 이끌어 '노르망디
상륙 작전'을 성공적으로 지휘했답니다. 전쟁이 끝난 후
아이젠하워는 콜롬비아 대학 총장, 북대서양 조약 기구
최고 사령관을 거쳐 1952년, 미국의 제34대 대통령에
당선되었어요.
그는 대통령을 지낸 8년 동안 동서 냉전 체제를
안정시키고, 미국 경제의 호황을 이끌었어요. 또 한국
전쟁을 휴전으로 매듭짓는 등 성공적으로 대통령직을
수행하였습니다.
전쟁 영웅이 국가 최고 통치자를 지내는 일이 드문
일은 아닙니다. 그러나 아이젠하워처럼 부하들과
국민들의 절대적인 믿음과 사랑 속에서 양쪽의 임무를
성공적으로 수행한 사람은 많지 않습니다. 과연 무엇 때문에
아이젠하워가 두 마리 토끼를 한번에 잡을 수 있었을까요?

미국의 제34대 대통령 드와이트 아이젠하워 ⓒ cliff1066™

하나　어머니의 가르침

7형제 중 셋째 아들로 태어난 아이젠하워는 시골 마을의
조그마한 오두막집에서 끼니를 걱정하며 매우 가난한 생활을
했습니다. 비록 가난하긴 했지만 아이젠하워의 부모님은
정성을 다해 자식들을 돌보고 가르쳤지요.
한번은 이런 일이 있었습니다. 아이젠하워가 동네 친구들과
카드놀이를 하게 되었는데, 첫 패를 받아든 아이젠하워가
자신의 패가 형편없다며 내동댕이친 거예요.

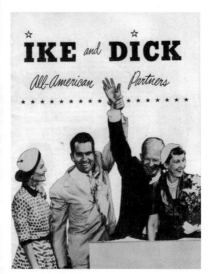

아이젠하워와 부통령 닉슨의 선거 포스터

우연히 그 모습을 본 어머니는 "자신의 패가 좋은 나쁘든 카드놀이의 규칙에 따라 바꿀 수는 없으며, 따라서 주어진 패를 가지고 최선을 다해야 한다. 그것이 바로 인생이란다."라고 가르쳤습니다. 이러한 어머니의 가르침은 아이젠하워의 인생에 큰 영향을 미쳤어요. 어떤 어려움에 부딪혀도 포기하지 않고 최선을 다하게 되었지요.

지혜롭고 생활력이 강했던 아이젠하워의 어머니는 정직과 성실, 그리고 자립성을 강조했어요. 그리고 자식을 무조건 감싸 주지만은 않았지요.

"공부를 하고 싶으면 스스로 돈을 벌어서 학교에 가라.", "물에 빠져 죽고 싶지 않거든 헤엄쳐라."라며 강하게 키웠습니다.

또한 어머니는 고지식한 아버지를 대신하여 아이들과 장래희망이나 공부하는 데 따르는 고민, 인생의 의미 같은 속 깊은 이야기를 나누었고, 자식과 아버지 사이의 갈등을 풀어 주는 역할도 해냈답니다. 어머니의 이런 가르침 속에서 아이젠하워는 인생의 어려움들을 지혜롭게 이겨 나갈 수 있었어요.

5성 장군 시절의 아이젠하워

악수하는 케네디와 아이젠하워, 아이젠하워 다음의 미국 대통령으로 케네디가 당선되었어요.

둘 　 인내와 끈기

'대기만성'이라는 고사성어를 아시나요? '큰 그릇은 만드는 데 시간이 더 걸린다.'는 뜻으로 늦깎이 장군으로 많은 업적을 이루어 낸 아이젠하워의 생을 말하기에 적절한 듯합니다. 아이젠하워는 1915년, 보병 소위로 임명된 후 남들처럼 소령까지는 무난하게 승진했습니다. 그런데 소령이 되고 나서부터가 문제였습니다. 소령 생활이 16년 동안이나 이어졌기 때문이지요. 월급이 오르지 않아 가족들은 늘 가난한 생활을 면치 못했어요. 가난을

캔자스주 애빌린에 있는 아이젠하워 가족의 집

견디다 못한 아이젠하워의 아내는 급기야 아이젠하워에게 군 생활을 포기하면 어떻겠냐고 말하기도 했지요. 그러나 아이젠하워는 자신의 맡은 바 임무를 성실히 해 나가다 보면 언젠가는 반드시 기회가 올 것이라는 믿음과 확신을 가지고 있었습니다.

이러한 아이젠하워의 노력은 서서히 열매를 맺기 시작했습니다. 묵묵히 최선을 다하고, 성과를 만들어 내는 그의 모습이 최고 지휘관들 눈에 띄기 시작했어요. 폭스 코너를 시작으로 존 퍼싱, 맥아더, 마셜 등에게 인정을 받게 되었죠. 아이젠하워는 마흔일곱 살에 드디어 중령으로 진급하게 되었습니다.

중령으로 진급한 이후 아이젠하워는 1941년에 제3군 참모장, 1942년에 육군참모본부장으로 승진하며 준장(별 하나)이 된 지 3년 만에 5성 장군이 되는 엄청난 승진을 했어요. 만약 아이젠하워가 소령 생활을 견디지 못하고 중간에 군대를 떠났다면 노르망디 상륙 작전의 대성공도, 8년의 미국 대통령 재임도 있을 수 없었던 일이 되었겠지요.

아이젠하워 부부 © Grand Central USA!

젊은 시절의 아이젠하워 부부 © Grand Central USA!

셋 결단력

제2차 세계 대전에서 아이젠하워가 연합군을 성공적으로 이끌 수 있었던 데에는 단순히 그의 지휘 능력뿐만 아니라 그가 가진 성품 또한 큰 역할을 했습니다. 매력적이고 따뜻한 미소, 신념과 확신에 찬 태도와 정직한 성격은 냉정한 영국인들의 마음도 누그러뜨리는 역할을 했지요. 그는 보는 사람도 웃게 만드는 미소를 가진 사람이었거든요. 그 미소 속에는 겸손, 친절, 그리고 아무리 고된 싸움이 예측되는 경우에도 굴하지 않겠다는 의지가 담겨 있었지요.

아이젠하워는 종종 전장을 방문해 부하 장병들을
격려하며 스스럼없이 대했어요. 장병들은 이런
아이젠하워를 보고 진심으로 존경하게 되었습니다.
이렇게 칭찬과 격려를 아끼지 않았던
아이젠하워였지만, 잘못이 있으면 매섭게 나무라기도
했어요. 아이젠하워가 책임을 다하지 못한 야전군
장교를 파면시킬 때도 인정은 찾아볼 수 없었어요.
그러나 그렇게 하는 이유 역시 부하 장병을 위한
일임을 모르는 사람은 없었답니다. 야전군 장교가 저지르는
실수 하나 때문에 전쟁터에 나가 있는 병사들이 목숨을 잃을
수도 있기 때문이지요.

휴스턴 대학에서의 아이젠하워(오른쪽) © CollectionUH

넷 위기를 기회로 만드는 능력

노르망디 상륙 작전 두 달 만에 독일군으로부터 파리를
지켜 낸 연합군은 그 여세를 몰아 독일 본토를 향해 진격해
나갔습니다. 그런데 계속해서 전투에서 쉽게 승리한 미군
병사들은 적을 얕잡아 보게 되었어요.

6 · 25 전쟁 중 아이젠하워(맨 왼쪽) © cliff1066™

아이젠하워는 이 상황을 크게 걱정하였고, 그 우려는
현실로 나타났습니다. 독일군의 역공에 당한 것이죠.
여기서 아이젠하워는 위기를 기회로 만드는 리더십을
발휘했습니다. 적을 얕잡아 보고 있는 병사들의
마음을 활용했지요. 부하들에게는 반드시 승리한다는
확신을 더 크게 심어 주고, 독일군의 작전을 예측해
연합군의 물자 보관소를 아르덴느로 대피시킨 뒤,
역공을 가했지요.
위기의 상황에서 후회하고 다른 사람을 탓할 시간은
없습니다. 아이젠하워의 발 빠른 대처로 연합군은
위기를 무사히 넘기고 완전한 승리를 굳힐 수 있었어요.

리더십은 공동의 일을 달성하기 위해 지도자에게 꼭 필요한
능력이지요.

2 의지로 이룬 기적

너희들 그러다 다치기라도 하면 어쩌려고 그러니? 당장 내려오너라!

으앗!

미끌

쿵

아이크! 어디 다치지 않았니?

살짝 까진 것뿐이에요.

애들이 저렇게 거칠게 놀다가는 누구하나 다치겠어.

사내아이들 노는 게 다 그렇죠 뭐.

에스파냐군이 쳐들어왔다!

적으로부터 미국을 지키자.

병사들은 나를 따르라!

와아아아

모르족을 몰아내자!

아이젠하워 형제들은 자주 이웃 아이들과 어울려 전쟁놀이를 하곤 했습니다.

이놈들, 내 칼을 받아라!

탁 탁

아! 정말로 세게 때리는 법이 어딨어?

죽은 놈이 말이 많네.

떡 떡

너희들 또 전쟁놀이 했니?

전쟁이 얼마나 사람의 마음을 나쁘게 만드는지 모르니?

하지만 단지 놀이일 뿐이잖아요.

어머니는 형제들의 거친 놀이에는 관대했지만, 전쟁놀이만큼은 강하게 반대했습니다.

아무래도 말로 해선 못 알아듣는구나.

철썩

철썩

전쟁은 어떤 이유에서도 절대 용서될 수 없어.

전쟁놀이가 그렇게 나쁜 걸까?

에드가 형, 큰일 났어!

드르륵

아이크가 지금 당하고 있어.

뭐?

감히 어떤 녀석이 겁도 없이 내 동생을 건드려?

웨슬리에게 덤비다니, 미친 거 아냐?

아이크, 그냥 항복하지…….

건방진 꼬맹이!

와아

뻑

흐음…….

동생이 맞고만 있는데 보고만 있을 거야?

난 내 동생을 믿어. 아이크는 잘 해낼 거야.

뭐라고?

아이젠하워의 패배로 금방 끝날 것이라 여겨졌던 싸움은 두 시간이 넘도록 계속됐습니다.

싸움은 무승부로 끝났지만 누가 보더라도 진정한 승리자는 아이젠하워였습니다.

털썩

대단한 녀석이야.

세월이 흘러 어느덧 아이젠하워는 고등학생이 되었습니다.

다치기 싫으면 비켜!

아이크를 막아.

퍼

억

운동을 잘하고 쾌할한 성격 탓에 아이젠하워는 늘 인기 있는 학생이었습니다.

*터치다운!

와아

코치도 없는 데다 운동기구는 다 낡아 빠졌어.

축구부가 유지될 수 있을까?

그냥 축구부를 해체해 버릴까?

돈만 있으면 되는데…….

아이크, 무슨 좋은 생각 없을까?

운동 협회를 만들면 어떨까?

운동협회?

*터치다운: 럭비 풋볼이나 미식축구에서, 공을 가지고 상대편의 골라인을 넘는 일. 또는 거기서 얻은 득점

협회 회원들에게 회비도 받고 외부 기부금도 받는 거야.

와아~ 그거 좋은 생각이다. 찬성!

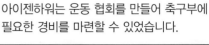

아이젠하워는 운동 협회를 만들어 축구부에 필요한 경비를 마련할 수 있었습니다.

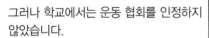

그러나 학교에서는 운동 협회를 인정하지 않았습니다.

학생들의 사조직은 인정할 수 없네. 당장 협회를 해체시키게.

운동 협회를 정식으로 승인해 주십시오.

학교 역사상 전례가 없던 일이야.

그럼 그 전례를 이번 기회에 만들면 되지 않습니까?

당장 나가게!

내일 다시 오겠습니다.

승인만 해 주신다면 운동부는 정상적으로 운영될 것이고, 대회 우승도 바라볼 수 있습니다.

자네 정말 집요하군!

아이젠하워는 끈질긴 설득으로 결국 협회에 대한 학교의 정식 승인을 받아 냈습니다.

그러던 어느 날

어머니, 학교 다녀왔습니다.

아이크, 걷는 게 왜 그러니?

운동하다 조금 다쳤어요.

형! 의사 좀 불러 줘!

어디 아파?

건강하기만 하던 아이젠하워에게 뜻하지 않은 병이 찾아왔습니다.

지독한 *패혈증입니다.

어제까지만 해도 멀쩡했는데…….

*패혈증: 미생물에 감염되어 생기는 심각한 염증 반응

감염이 전체적으로 퍼지기 전에 지금 당장 다리를 절단해야 합니다.

절단하지 않으면요?

통증이 심할 겁니다. 생명도 보장할 수 없고요.

아아, 말도 안 돼.

여보, 어쩌면 좋아요?

아이크에게 사실대로 말하고 결정을 내립시다.

충격적인 사실에 아이젠하워는 한동안 말을 잇지 못했습니다.

의사 선생님, 아무 데도 잘라 내지 말아 주세요. 제가 참아 볼게요.

그대로 두면 목숨을 잃을 수도 있어, 아이크.

다리 한쪽을 포기하더라도 사는 게 낫지 않겠니?

그래. 아이크, 제발 다시 생각해 보렴.

집도 가난한데 몸까지 온전하지 못하면 가족들에게 짐이 될 거야.

하나님! 저는 아직 해야 할 일이 많아요.

고통을 멈추기 위해서라도 빨리 수술을 해야만 합니다.

다들 제발 이 방에서 나가 주세요!

아이크······.

형, 내가 잠든 사이 수술하지 못하게 해 줘.

그······ 그렇지만 아이크.

형이 내 입장이었어도 나와 같은 선택을 했을 거 아니야. 내 말대로 해 주겠다고 약속해, 제발.

그래, 약속할게.

아이크의 뜻을 존중해 주세요.

가엾은 아이크······.

다음 날이 되자 상태는 더욱 악화되었습니다. 허벅지까지 감염되고 열은 더 높아져 아이젠하워는 몇 번이나 정신을 잃었습니다.

하나님!

골반까지 감염되면 2~3시간 안에 죽을 수도 있습니다. 수술을 시켜야 합니다.

다리를 절단하면 평생 원망을 들을 텐데······.

그렇다고 아이크가 죽는 걸 보고만 있자는 거예요?

아이크를 이대로 그냥 죽게 할 수는 없어요!

안 돼요, 엄마! 들어갈 수 없어요.

비켜라!

이건 아이크가 원하는 게 아니에요. 모르시겠어요?

아이크······.

그래!

저러다 아이크는 죽을 수도 있겠지.

그것이 본인의 뜻이고, 하나님의 뜻이라면 받아들여야 한다.

흠······.

아이크가!

벌컥

겨······ 결국.

어떡해요.

평온한 숨결로 바뀌었어요!
어서 들어와 보세요!

뭐라고?
정말이니?

이…… 이럴 수가!

붓기가 빠지기
시작하면서 열도
내리고 있습니다!

그렇다면?

기적이
일어났습니다!
아이크는
살아났어요!

하나님
감사합니다.

아이크, 정말
잘 견뎌 줬어!

이 바보야,
얼마나 걱정했다고!

내 다리는 어떻게
되는 거야?

다리도 그대로야.
네가 기적을
만들었어!

감사합니다,
하나님.

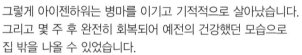

그렇게 아이젠하워는 병마를 이기고 기적적으로 살아났습니다.
그리고 몇 주 후 완전히 회복되어 예전의 건강했던 모습으로
집 밖을 나올 수 있었습니다.

죽음의 문턱에서 살아난 후 아이젠하워는
더 이상 철없는 개구쟁이가 아니었습니다.

내 몸이 이렇게
소중한지 몰랐어.
난 새 생명을
얻은 거야.

형편은 넉넉하지 못해도
건강한 몸이 있잖아!

아이크, 너 요즘 기운이 없어 보이더라. 내가 기운 날 만한 사람 소개해 줄까?

'존 하워'라는 신문사 사장인데 권투와 책을 엄청 좋아한대.

책?

아이젠하워의 집은 원하는 책을 마음껏 볼 수는 없는 형편이었습니다.

책을 좋아한다고 했나?

내가 주선하는 권투 시합에서 우승하면 내 서재를 마음껏 열람하도록 해 주겠네. 어떤가?

좋습니다.

떡 떡

아이크! 왜 자꾸 뒤로 물러나는 거야? 치면서 앞으로 나가.

떡

3회까지
계속 얻어맞으면서도
단 한 번도 다운을
안 당하다니……

맷집 하나는
대단하죠!

그만! 경기를
더 끌다간
큰일 나겠다.

떡

떡

그건 아이크가 원치
않을 거예요.
둘 중 하나는 쓰러져야
끝낼 녀석이에요.

제발 좀
쓰러져라!

부   웅

퍼   억

아이젠하워는 매일같이 신문사에 드나들면서 닥치는 대로 책을 읽었습니다.

세상에 이렇게 흥미롭고 배울 것이 많다니…….

애들 학비가 걱정이에요.

우선 에드가부터 대학에 보내고 생각합시다.

대학에 입학해도 공부를 계속 할 수 있을까?

특별한 기술도 없는 내가 무엇을 할 수 있지?

아이젠하워의 신앙

기독교 신앙을 가졌던 아이젠하워는 어린 시절부터 '메이플라워 서약서'를 매일 낭독했답니다. 메이플라워 서약서에는 종교에의 자유와 민주 정치의 이념이 들어있지요. 미국인들은 1620년, 메이플라워 서약서를 쓴 청교도(16~17세기, 영국에 대항했던 개혁자)들을 그들의 선조로 인정하고 있습니다.

아이젠하워의 아버지는 자식들에게 매주 한 번씩 메이플라워 서약서를 읽게 했어요. 나라에 충성하고 하나님을 가슴 깊이 믿게 하고 싶어서였지요. 이렇게 가정에서도 신앙생활을 하였던 아이젠하워였기에 성인이 되어서도 믿음을 온전히 실천할 수 있었답니다.

메이플라워 서약을 쓰던 청교도들을 그린 그림

미국의 국기, 성조기

하나 최고 사령관 아이젠하워와 신앙

아이젠하워에게 종교의 힘이 가장 크게 미쳤던 때는 제2차 세계 대전 때입니다. 당시 아이젠하워는 유럽 연합군 최고 사령관이었어요.

모든 군사 작전은 그의 명령에 따라 결정되었지요. 공격 명령을 내리기 전에 아이젠하워는 《성경》을 손에 꼬옥

who? 지식사전

나라의 종교, 국교

국교는 국가에 의해 공인된 종교입니다. 국교로 지정한 종교는 국가적으로 인정하며 특별한 지위를 보장해 주지요. 대표적으로 아프가니스탄, 알제리, 바레인, 방글라데시, 요르단, 쿠웨이트 등의 많은 나라가 이슬람을 국교로 하고 있어요. 이런 나라는 정부의 모든 행사를 이슬람식 기도로 시작하지요. 이외의 종교는 허락하지 않아요. 반면 이탈리아나 스페인과 같은 경우는 가톨릭교가 국교이지만, 다른 종교를 믿는 것도 인정해 줍니다.

쥐고 오랜 시간 동안 기도했다고 합니다. 자신의 작전
명령에 따라 수많은 병사들의 목숨이 달려 있기에
그는 큰 두려움을 느꼈어요. 아이젠하워는 신앙의
힘으로 그 상황을 견뎌 냈습니다.
기도가 끝난 후, 냉철하고 정확한 판단을 내린
아이젠하워는 단호하게 명령을 내렸고, 말을 바꾸는
일도 없었습니다. 이런 그의 신앙심은 위기 때마다
큰 힘이 되었지요.

아이젠하워 동상 ⓒ sermoa

둘 ⟩ 대통령 아이젠하워와 신앙

대통령이 된 후에도 아이젠하워의 투철한
신앙심은 흔들리지 않았습니다. 1952년, 대통령에
당선된 직후 아이젠하워는 참모들을 불러 놓고 기도회를
열었다고 합니다. 앞으로 대통령직을 수행하면서 사랑의
정치를 실현하고 싶었기 때문이지요. 다음 해부터 이 기도회가
'국가 조찬 기도회'라는 이름으로 계속되었습니다.
기도회는 매년 2월 첫 주 목요일에 개최되었으며,
이후 역대 대통령이 모두 참석하게 되었어요. 제44대
대통령인 버락 오바마 대통령은 국가 조찬 기도회에
참석하여 '오랜 전통을 이어 나가게 되어 영광'이라고
말했지요.
이렇게 아이젠하워는 대통령을 지내는 8년 동안에도
부인과 아이들을 데리고 교회에 나가 예배를 드렸고,
심지어 세계 정상들과 만날 때에도 일정을 비워 주일
기도를 꼭 지켰습니다.
생애 마지막 날, 아이젠하워가 담담하고 편한
마음으로 죽음을 맞이할 수 있었던 것은 평생 동안
자신이 믿는 신앙에 충실했기 때문이었습니다.

아이젠하워의 백악관 공식 초상화

세계 여러 종교

하나   기독교

기독교는 불교, 이슬람교와 함께 세계 3대 종교 중 하나입니다. 기독교의 교리는 예수 그리스도를 통해 구원을 받는다는 것이에요. 기독교는 1세기경 예수를 따르는 신도들에 의해 형성되었는데, 처음에는 로마 제국의 탄압을 받았어요. 그러나 313년 밀라노 칙령을 통해 로마 제국의 승인을 받게 되고 이후 로마 가톨릭 교회로 발전하였지요. 4세기부터는 세계 각 지역으로 전파되며 지금과 같이 세계적으로 약 20억 명이나 되는 신도를 두고 있지요.

교회는 기독교의 예배당입니다. © John Phelan

둘   불교

승려는 불교의 가르침을 실천하지요. © parhessiastes

불교는 인도에서 생긴 종교예요. 기원전 6세기 말에서 4세기 초 싯다르타에 의해 만들어졌지요. 불교에서의 목표는 깨달음을 통해 자비를 베푸는 것이랍니다. 인간은 육체와 정신으로 이루어져 있는데, 육체는 결국 아프거나 죽을 수밖에 없으니 이것을 극복하기 위해서는 정신적인 고통을 극복해 내야 한다고 말하지요. 불교는 다른 종교와 몇 가지가 달라요. 첫째, 불교에서는 세상을 신이 창조했다고 하지 않습니다. 둘째, 자비를 베푸는 것을 목표로 두므로, 무조건 종교를 믿는 것보다는 많은 사람들에게 자비를 베푸는 것을 강조하지요. 셋째, 현실을 올바로 바라보려고 하는 경향이 강해요. 사물의 이치를 제대로 살펴 쓸데없는 집착을 버리려고 하지요.

셋   이슬람

'이슬람'은 '자신의 모든 것을 인도한다'는
의미입니다. 유일신인 알라를 절대적으로
복종하는 종교예요.

7세기 초 예언자 무함마드는 유일신인 알라의
말씀을 전파하며 이슬람을 만들었지요. 이슬람의
경전을 《코란》이라고 하는데, 이것은 무함마드가
말한 내용을 신도들이 정리한 것입니다. 이슬람
신자들은 아라비아어로 무슬림이라고 합니다.
무슬림은 동남아시아를 중심으로 하여 세계적으로
약 10억 명 정도 분포하고 있지요. 이들 사이에는
신분이나 계급 따위가 없고, 알라와 인간 사이를
이어 주는 성직자도 없어요. 오직 자기 스스로
예배드리고 순례를 행해 참다운 신자가 되는
것이지요.

이슬람의 경전 《코란》

힌두교의 신들, 왕좌에 앉아 있는 신은 라마와 시타예요.

넷   힌두교

인도의 토착 신앙과 브라만교가 융합한 힌두교는
공덕, 지혜, 봉헌을 통해 구원에 이를 수 있다고
믿습니다.

힌두교 신도들은 수많은 신 중에서 하나의 신을 골라
숭배하지요. 대표적인 신은 창조신 브라흐마, 파괴신
시바, 시바의 아내 파르바티, 유지의 신 비슈누 등이
있습니다. 힌두교에서는 자신의 신분에 따른 의무를
충실히 지켜야만 종교적으로 구원을 얻을 수 있다고
해요. 그래서 신분의 구별이 더욱 엄격해졌고,
직업적인 구분까지 더해 인도 사회에 '카스트
제도'가 강력하고 뿌리 깊게 자리잡았습니다.

힌두교식 결혼 ⓒ Appaiah

3 가자! 웨스트포인트

에드가, 너만큼은 꼭 대학에 보낼 생각이다.

앞으로도 돈이 계속 들어갈 텐데······.

저까지 부담을 드릴 수는 없어요.

이런 상황에 내 고민은 말도 못 꺼내겠군.

고등학교를 졸업한 아이젠하워는 자신의 미래에 대해 다시 고민하기 시작했습니다.

형, 아버지한테 큰소리치는 걸 보니 학자금을 따로 마련했나 봐?

2년 가까이 일을 했는데 절반도 못 모았어.

그래?

좋아!
내가 돈을 벌어서
형의 학비를
대 줄 테니 형이 먼저
대학에 가.

뭐?

대신 학업을 마치면 취직해서
형이 내 학비를 대 줘.

적어도 2년은
고생해야
할 거야.

그래도 이게 우리 둘 모두
대학에 갈 수 있는 유일한
방법이야.

지금 네가 할 수 있는
일이라곤 위험하고 고된
일 뿐일 텐데…….

남아도는 게
힘인데 뭐.
하하!

녀석, 나보다
어른스럽구나.

덩치도 이제
형보다
크거든?

아이젠하워는 에드가와의 약속을 지키기 위해 2년 동안
쉴 새 없이 힘든 일을 해 돈을 벌었습니다.

네 덕분에 몸 편히 공부하고
있지만 너의 고생을
생각하면……,
마음은 편치가 않구나.
마지막 남은
한 학기 등록금도
잘 부탁한다.
  - 에드가 형-

치! 살짝
얄밉네.

아이크가
에드가의 학비를
마련했다지요?

대견하군요.

우리 아이크는
한번 약속한 것은
끝까지 지키는
애거든요.

아이크가 착하고
사려 깊은 건 다 저를
닮아서이지요.

내가 흘린 땀의
사랑하는 사람
희망을 가질
있다는 것은 저
큰 보람이야

에드가의 학비 문제가 마무리가 돼 갈 즈음 아이젠하워는 힘든 노동에 서서히 지쳐 가고 있었습니다.

아이크, 너 요즘 부쩍 기운이 없어 보여.

아…… 아냐.

형과의 약속을 지켜 마음은 홀가분하지만.

이제 반대로 형이 고생해야 한다니 마음이 편치 않아.

넌 사관 학교에 진학할 계획이라고?

학비도 무료인 데다 졸업 후 진로까지 보장된다고!

뭐?

어때? 우리 같이 지원할래?

난 아버지 돼지 농장을 이어 가야 해.

그럼 아이크, 너는 어때? 나와 같이 사관 학교에 지원하지 않을래?

확실히 학비가 무료지?

물론~ 하지만 시험도 있고, 시 의원의 추천서가 필요해.

알겠어.

그동안 고마웠다, 아이크. 네 덕분에 무사히 대학을 졸업할 수 있게 됐어.

알면 됐어.

내년에 바로 대학에 지원하도록 해. 졸업과 동시에 취직해서 네 학비를 벌게.

괜찮아, 형. 나 사관 학교에 갈 거야.

사관 학교라면 직업 군인을 양성하는 학교 아니야?

맞아. 이미 지원서를 보냈으니 곧 소식이 올 거야.

전쟁을 싫어하시는 부모님이 네 결정에 찬성하실까?

내 길인걸…….

아이젠하워는 시 의원 추천서와 함께 웨스트포인트 육군 사관 학교에 지원서를 보낸 지 일주일 만에 합격 소식을 들을 수 있었습니다.

됐어! 이젠 입학시험만 치르면 돼!

예상했던 대로 부모님은 아이젠하워의 결정에 완강히 반대했습니다.

아이크! 군인이 되어서 전쟁에 참전하려고 하니?

왜 그런 선택을 하려고 하는 거야!

어머니, 사관 학교에 가는 것은 전쟁을 하는 것과는 달라요.

무료로 훌륭한 대학 교육을 시켜 주는 학교예요. 졸업 후 반드시 군인이 되어야 하는 것도 아니고요.

게다가 지금은 전쟁 중도 아니잖아요.

그래도 허락할 수 없다!

후유~

당신이 아이크를 말려 보세요. 당신 말은 들을 거예요.

자식이라고 해서 부모의 생각대로 따르라고 강요할 수는 없잖소.

우리들도 젊은 시절 부모의 뜻대로 직업을 택해 낭패를 본 경험이 있지 않았소?

그렇긴 하지만……

사실 학비도 문제잖소.

그렇지만…….

다른 사람의 선택이 잘못되었다고 함부로 판단할 수 없소.

아이크의 뜻대로 합시다.

1911년, 웨스트포인트 육군 사관 학교 입학시험에서 아이젠하워는 좋은 성적으로 합격하였습니다.

합격

스물한 살의 청년 아이젠하워는 부푼 마음을 안고 웨스트포인트로 향했습니다.

몸조심하거라, 아이크.

알겠습니다, 어머니!

웨스트포인트 육군 사관 학교는 학문뿐만 아니라 군사 교육 및 혹독한 육체 훈련 등을 통해 체계적인 육군 장교를 양성하는 대학교입니다.

이제부터 제군들은 4년간의 수련을 통해 뛰어난 장교로 거듭날 것이다.

빠빰빠바밤 ♬

사관생도는 국가가 원할 때 언제나 명령에 복종해야 하고,

기꺼이 국가를 위한 도구가 되어야 한다.

만약 그것에 따르려 하지 않는 자나 따를 수 없는 자는 즉각 퇴교 처분한다. 알겠나?

옛 설 ~!

아이젠하워는 웨스트포인트에서의 고된 훈련에도 잘 적응했습니다.

자퇴를 생각하고 있다니 그게 무슨 소리야, 잭?

학교생활이 힘들어서 더 이상 못 견디겠어.

조금만 더 견뎌 보자. 2학년이 되면 어느 정도 적응되어 견딜 만할 거야.

후우~ 과연 그럴까?

동기들은 따뜻하고 결단력 있는 성격의 아이젠하워를 믿고 따랐습니다.

4년 후에 소위로서 당당하고 멋진 우리 모습을 생각해 봐.

네 말을 들으니 힘이 난다.

달려~!

와 아 아

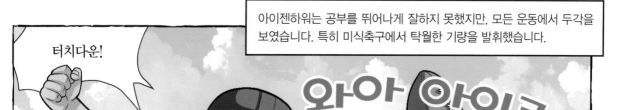
아이젠하워는 공부를 뛰어나게 잘하지 못했지만, 모든 운동에서 두각을 보였습니다. 특히 미식축구에서 탁월한 기량을 발휘했습니다.

형! 아이크 형이 신문에 났어!

돌진하는 *하프백이라.

역시 아이크는 어디서든 적응을 잘해. 군인이 체질 아니야? 하하!

그렇게 사관 학교 내 미식축구 스타로 승승장구하던 중 아이젠하워에게 생각지도 못했던 불운이 다시 닥쳐왔습니다.

퍼

역

악!

털

썩

아이크!

군의관님!

*하프백: 미식축구와 같은 경기에서 주로 상대를 방어하는 경기자

지금 같아서는 완치가 되더라도 더 이상 운동은 할 수 없을 것 같습니다.

그건 안 됩니다!

제게 축구는 단순한 운동이 아니에요. 포기할 수 없어요.

만약 다시 축구로 다리를 다치면 그땐 평생 불구자로 살아야 할 걸세.

미식축구에 대한 열정이 컸던 아이젠하워는 깊은 절망감에 빠졌습니다.

하나님, 왜 이토록 가혹하십니까?

......

아이크, 아침 조회에 또 늦을 셈이냐?

부상은 나았지만, 두 번 다시 미식축구를 할 수 없다는 절망감에 빠진 아이젠하워는 학교생활에 집중하기 어려웠습니다.

지각에 복장 불량까지? 정신 못 차리나!

죄송합니다.

지금의 내 상태로는 다른 생도들에게 피해만 끼칠 뿐이야.

불성실한 나로 인해 피해를 줄 순 없지.

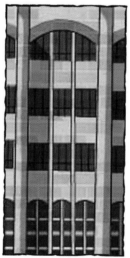

이게 최선의 방법인가?

자퇴서

죄송합니다, 중대장님.

안 됩니다! 중대장님!

유당탕탕

앗!

이거 봐!

아이크는 일단 저희가 데려가서 설득시키겠습니다. 중대장님께서는 이 자퇴서를 안 받은 걸로 해 주십시오.

알겠네.

공부에도 좀 더 성실했으면 하는 작은 소망이 있네만.

학교에 남기로 생각을 고친 아이젠하워는 다시 성실한 자세로 돌아왔습니다.

와하하

그래, 다시 정신을 가다듬고 최선을 다해 보자.

아이크 군은 참 흥미로운 친구예요. 어떤 과목은 낙제고, 어떤 과목은 최고입니다.

특히 군사 전략에서 쓰이는 각종 기호나 숫자, 암호 해독법 등을 활용하는 능력은 최고입니다.

분명 장교로서 재능이 있는데……

2학년이 된 아이젠하워는 축구부의 응원 단장을 맡게 되었습니다.

네? 저보고 축구단 응원 단장을 맡으라고요?

응원 단장이란 자리는 생도들에 의해 선출되는 자리로 인기는 물론,

리더십이 필요한 자리다.

우리가 팍팍 밀어줄게!

그럼 미니스커트 입히고 율동 시켜도 군말 없이 잘 할 수 있겠지?

제발 그것만은!

와하하

어떻게 하면 응원단을 잘 이끌어 갈 수 있을까?

그래. 나부터 잘하는 모습을 보이자.

연습장에 제일 먼저 나가고, 제일 늦게 돌아가겠어.

아이젠하워는 자신의 다짐을 하루도 빠짐없이 실천에 옮겼고, 응원 부원들은 그런 아이젠하워의 모습을 믿고 따랐습니다.

곧 뉴욕 해군 사관 학교와의 시합이 있다.

매우 중요한 시합이니 우리 응원단도 선수와 같은 마음으로 응원에 임해야 할 것이다!

옛 설~!

파도 타기 응원 시작~!

와아아아아아

빰빰빰

역시 생각대로 잘해 나가고 있군.

아이크는 사람들이 믿고 따르게 하는 재능을 가지고 있어요.

득점하는 것보다는 경기 자체를 즐겨라! 그러면 승리는 따라온다!

유쾌한 성격과 강한 리더십을 바탕으로 아이젠하워는 600여 명 생도들의 사기를 올려 주었습니다.

군대와 사관 학교

> 하나 **군대의 종류**

육군

육군은 땅 위에서의 전투를 주로 하는 군대입니다. 가장
기본이 되는 군대이며 오랜 역사를 지니고 있지요.
육군은 시대와 지역에 따라 많은 변화와 발전을 해 왔어요.
직접 땅 위에서 싸우는 보병과, 전차를 이용하는 기갑과,
포탄과 미사일을 운용하는 포병과, 지뢰를 설치하고
장애물을 폭파하는 공병과, 정보를 주고받는 정보통신과,
헬기를 운용하는 항공과 등 많은 병과가 있지요. 각자
자기가 맡은 위치에서 그 역할을 철저하게 수행하며 적을
격파하는 것이 군인의 목적입니다. 육군의 임무는 적의
지상군에 대해 공격 또는 방어하는 것입니다. 섬나라인
영국과 일본은 육군보다 해군의 발언권이 강한
편이지만, 현재 남북이 대치하고 있는 상황인
우리나라는 육군의 발언이 가장 강하지요.

대한민국 육군기 © Nudimmud

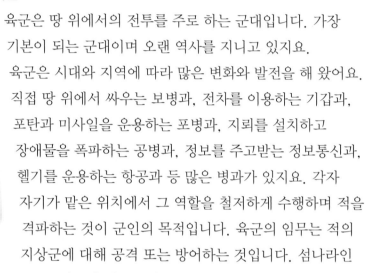

공군

공군은 하늘에서의 전쟁을 위한 군대입니다.
전투기, 폭격기, 헬리콥터, 수송기 등을 운용하지요.
군사력이 강한 나라일수록 공군의 중요성이
높아요. 전쟁에서 하늘이라는 공간이 매우 중요하기
때문입니다.
1949년 만들어진 대한민국의 공군은 6 · 25 전쟁을
거치면서 미국으로부터 F51, 머스탱 전투기를
들였습니다. 이후 지금까지 군사력이 꾸준히 발전하고
있지요.

전진하는 보병

해군

해군은 바다를 주 무대로 하여 해상 전투 및 상륙 작전(해병대)을 위해 작전과 관련 기능을 수행하는 군대입니다. 해군은 강력한 군사력을 가지고 있어야 합니다. 적으로부터의 전쟁을 방지하고, 우리 해역의 자유로운 사용을 위해서이지요. 해군은 해양을 탐색하고, 구조하는 활동, 해상 테러를 방지하는 일도 합니다.

삼면이 바다인 우리나라의 특성상 해군의 중요도는 점차 높아지고 있으며 이에 따라 2016년, 제주도에 해군 기지를 완공했습니다.

해병대: '귀신 잡는 해병대'라는 말 들어 보았죠? 해병대의 용맹함을 나타내는 말입니다. 해병대는 해군에 소속되어 있어요. 해병대는 해상에서 육지로 상륙하여 작전을 펼치기 위해 만들어졌기 때문이에요. 하지만 지금은 항공 모함 등으로 바다에서라도 헬기나 항공기를 통해서 육지로 진입할 수가 있게 되었어요. 그래서 현재 해병대에서는 두 가지 작전이 가능하도록 훈련이 이루어지고 있습니다.

공군의 항공 지원 훈련 © Nellis Air Force Base

미군 해병의 훈련 모습

who? 지식사전

군대 제도

징병제: 법에 따라 징집하여 병역 의무를 다하는 것으로 강제로 집행합니다. 분단국가인 우리나라는 징병제를 원칙으로 하고 있습니다.

민병제: 민병은 평상시에 자유로이 자신의 일을 하다가, 일이 발생하면 군대로 배치되는 제도입니다.

모병제: 개인이 국가와의 계약을 통해 군별, 신분별, 병과별로 지원하여 복무하는 제도입니다

용병제: 계약에 의해 급여와 복무 기간을 정하는 제도로 외국인도 지원할 수 있습니다.

둘 〈 우리나라의 사관 학교

군대는 철저한 신분제로 유지됩니다. 많은 병사들을 지휘할
사람이 필요하기 때문이에요. 병사들을 지휘하는 사람을
장교라고 해요. 장교는 지휘자, 지휘관, 참모의 직책으로
구분되지요.

• **지휘자**: 소대장 등
• **지휘관**: 중대장, 대대장 등
• **참모**: 지휘관의 결단을 조언하는 장교

사관 학교는 장교를 길러 내는 곳으로 대학과 군대의
특성을 모두 가지고 있습니다. 대학 교육과 훈련이
함께 이루어지지요. 사관 학교에 입학하는 학생들은
4년 동안 교육을 받고 졸업 후 해당 군대에 소위로
임관하게 됩니다.

대한민국 육군 사관 학교 © Jong Soung Kimm

육군 사관 학교

1946년 설립된 육군 사관 학교는 대한민국 육군 장교 양성
기관으로 '화랑대'라고도 불립니다. 현재는 육군 본부에
소속되어 있으며, 고등학교를 졸업한 만 17~21세의 대한민국
미혼 남녀 중에서 선발하도록 되어 있지요. 4년의 교육을
마치면 육군 소위로 임관과 동시에 학사 학위를 수여합니다.

who? 지식사전

훈련병

장군단

군사 계급

(낮은 계급 ⋯ 높은 계급)
병: 훈련병 – 이병 – 일병 – 상병 – 병장
부사관: 하사 – 중사 – 상사 – 원사
위·준사관: 준위 – 소위 – 중위 – 대위
영관: 소령 – 중령 – 대령
장성: 준장 – 소장 – 중장 – 대장 – 원수

육군 사관 학교는 다른 사관 학교에 비해 여러 가지 강도 높은 훈련을 실시하는 것으로 유명해요. 어느 병과의 어느 부대로 배치되더라도 임무 수행이 가능해야 하기 때문이지요. 육군 사관 학교의 위치는 서울 노원구입니다. '지혜, 용기, 자애'의 교훈을 실천하지요.

육군 사관 학교 생도들의 훈련

해군 사관 학교

1949년 정식으로 설립된 해군 사관 학교는 대한민국 해군과 해병대 장교를 양성하는 교육 기관입니다. 해군 본부에 속한 기관으로 육군 사관 학교와 같은 자격요건, 같은 교육 기간을 적용하고 있습니다. 졸업과 동시에 해군 소위로 임관하며 학사 학위가 수여되지요. 해군 사관 학교는 경상남도 창원이며 '진리를 구하자, 허위를 버리자, 희생하자.'의 교훈 아래 오늘도 전진하고 있답니다.

해군 사관 학교 생도들의 모습

공군 사관 학교

공군 사관 학교는 1949년 경기도 항공 사관 학교라는 이름으로 생겼습니다. 입학 자격과 교육 기간은 다른 사관 학교와 같아요.
졸업과 동시에 공군 소위로 임관하며, 학사 학위를 수여받습니다. 또한 생도가 원하면 비행 훈련을 할 수 있으며, 비행 훈련에 통과하면 민간항공 자격증을 취득하고 조종사가 될 수 있어요. 그러나 조종사가 되는 경우는 극히 일부이고, 대부분 공군과 관련된 업무를 수행하게 됩니다.
공군 사관 학교의 위치는 충청북도 청주, 교훈은 '배우고 익혀서 몸과 마음을 하늘에 바친다.'입니다.

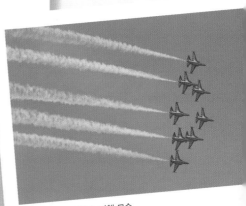
공군 사관 학교의 특수 비행 모습

4 생의 터닝포인트

1915년, 웨스트포인트 육군 사관 학교를 졸업한 아이젠하워는 곧바로 보병 소위로 임관하여 텍사스주 샌안토니오로 발령받았습니다.

이곳이 나의 첫 무대가 될 샌안토니오 육군 기지로구나.

U.S ARMY BASE

ARMY

소위로 평범한 군인의 일상을 보내던 중 아이젠하워는 운명의 여인을 만나 한눈에 반하게 됩니다.

드와이트 소위님, 제 친구 마미 제네바 도드예요.

앗! 내 이상형이야.

1916년 7월 1일, 아이젠하워는 마미와 결혼식을 올렸고 같은 날 중위로 진급했습니다.

아이크, 결혼과 진급을 동시에 축하하네.

퍼

펑

행복하게 잘 살아라.

아이젠하워 부부가 행복한 신혼을 보낼 즈음, 유럽은 제1차 세계 대전으로 인해 혼란스러웠습니다.

이때, 미군의 지휘관으로 '더글러스 맥아더'와 '조지 패튼'이 활약하고 있었습니다.

여보, 나를 비행대로 보내 달라고 사령부에 청원했소.

청원이 받아들여진다면 나도 전쟁에 출전하게 되오.

죽을지도 모르는데 그렇게 전쟁에 나가고 싶어요?

군인이라면 나라를 위해 목숨을 내놓는 것은 당연한 일이오.

아내와 아이까지 있는 가장이 어떻게 그런 말을 할 수 있죠?

그게 무슨 소리요?

이제 곧 우리의 아이가 태어난다고요.

여보……

으흐흑

아이젠하워의 바람과는 달리 그는 장교 교육대의 교관으로 발령이 나서 조지아주의 오글소프로 떠나야 했습니다.

아이가 태어나기 전에 발령이 나면 곤란한데.

걱정 말고 가서 임무를 수행하세요.

미안하오.

조지아주 오글소프 기지

드와이트 대위님, 텍사스로부터 편지입니다.

1A

건강한 사내아이가 태어났답니다.

오~ 하나님 감사합니다.

생의 터닝포인트 **83**

후우~ 생활이 점점 더 어려워져요.

아이젠하워는 소령까지는 무난히 승진했지만, 이후 16년 동안 더 이상 진급하지 못했습니다.

맡은 바 임무를 성실히 해 나가다 보면 언젠가는 좋은 결과가 있을 거야.

아이젠하워 소령을 미국 본토 훈련 임무를 위한 육군 훈련 교관으로 임명하는 바이다.

알겠습니다!

또다시 본토 근무란 말인가?

나도 전쟁터에서 공을 세우고 싶건만…….

전쟁 기간 내내 참전도 못 해 보고 만년 소령으로만 머물게 생겼구나.

그렇다고 아이젠하워가 허송세월만 보낸 것은 아니었습니다. 당시 '보병과 신설 부대 합동 작전 훈련 계획'이란 프로그램을 기획해서 인정받은 것입니다.

전쟁의 승패는 보병과 탱크 부대의 유기적인 조합에 달려 있습니다.

흠.

자네가 기획한 작전은 썩 괜찮은 것이라 판단하네.

감사합니다. 코너 준장님!

이 전쟁은 곧 독일의 패배로 끝날걸세.

그러나 우리에겐 더 많은 일이 주어질 거야.

그 말씀은?

이제 곧 우리는 같은 무대에서 다시 만날 수도 있다는 뜻일세.

코너의 말대로 1918년 11월, 독일의 항복으로 제1차 세계 대전은 막을 내렸습니다.

반갑네.
드와이트 소령.
조지 패튼 중령일세.
캠프 미드에 온 것을
환영하네.

만나 뵙게 되어
영광입니다.
패튼 중령님.

1919년, 새로 발령받은 부대에서 아이젠하워는 평생
동지이자 전우로 함께할 조지 패튼을 만나게 됩니다.

그러던 중 아이젠하워는 뜻밖의 비극을
맞이하게 됩니다.

도, 도드!
정신 차리거라.
눈을 떠 보거라.

안 돼!

1921년 1월 2일, 첫아들 도드 아이젠하워가 지독한
*성홍열에 시달리다가 네 살의 어린 나이로 사망했습니다.

자식을 잃은 건
임무를 핑계로 가족을
돌보지 않은 내
잘못이다.

이제부터 무슨 일이
있더라도 가족과
떨어지지
않을 거야.

*성홍열: 급성 감염성 질환

슬픔이 아물 즈음 아이젠하워에게
새로운 기회가 날아들었습니다.

폭스 코너 준장이
내게 파나마
근무를 제의해
왔소.

정말 잘됐어요.
당신이 그렇게 바랐던
해외 근무잖아요.

1922년 1월 7일, 아이젠하워는 부푼 마음을 품고
아내와 함께 파나마로 향했습니다.

전쟁은 끝났지만 그
불씨까지 완전히 꺼진 건
아닐세.

그렇다면 또다시
유럽에서 전쟁이
일어날 수 있다는
말씀인가요?

물론이네. 20년 내에
다시 세계 대전이
일어날 걸세.

독일은 물론이고
군국주의로 무장해 주변
나라를 침탈하고 있는
일본을 경계해야 해.

따라서 우리는
다음 전쟁에 대비해
유능한 지휘관을
확보해야 하네.

자네를 이곳
파나마에
부른 것도 그
이유일세.

폭스 코너는 아이젠하워에게 전술의 효과적인 수행 방법을 가르쳤습니다.

오~ 괜찮은 작전일세.

지난 3년간 교육을 통해 자네에게 지휘관의 안목이 생겼다고 판단하네.

아직 부족한 것이 많습니다.

당연하네. 그래서 말인데, 육군지휘참모대학에 진학하면 어떤가?

네! 열심히 하겠습니다!

3년간의 파나마 근무를 마치고 돌아온 아이젠하워는 육군 지휘 참모 대학에 들어가 열심히 공부했습니다.

몸도 좀 생각하시지······.

공부하다가 죽었다는 사람 못 봤소.

아이젠하워는 전체 수석으로 대학을 졸업하였습니다.

네? 이번에는 육군 대학에 입학하겠다고요?

그렇소. 육군 대학은 미래의 장군을 육성하는 곳으로 최고 수준의 전쟁술을 가르치는 곳이오.

또다시 당신이 몸을 혹사시키면서까지 공부할 생각을 하니 난 말리고 싶네요.

날 믿어요.

존, 짐 챙기자.

파리 여행 가요?

1928년, 육군 대학을 졸업한 아이젠하워는 프랑스로 발령을 받았습니다.

프랑스 파리

미군 전적 자료 편찬 위원회의 존 퍼싱이네.

앞으로 자네가 할 일은 나를 보좌해 자료를 수집하는 것일세.

최선을 다하겠습니다.

서유럽의 모든 전쟁터를 돌아보고 이들 장소에 대한 안내서를 써 보니 모든 전투 지역이 한눈에 파악돼.

이때의 경험은 훗날 아이젠하워가 유럽 총사령관이 되는 데에 밑거름이 되어 주었습니다.

역시 모든 자료를 통합해 내는 일이 가장 어렵다니까.

아이젠하워는 육군 차관보실의 보좌관을 거쳐 육군 참모 총장 맥아더의 참모가 되었습니다.

2년 뒤 아이젠하워는 맥아더를 도와 필리핀 재건을 지원한 공로로 필리핀 정부의 훈장을 받고 중령으로 승진하였습니다. 이때 아이젠하워의 나이는 마흔일곱 살이었습니다.

무공 훈장에다 중령 승진까지…….

기나긴 소령 생활의 보상인가.

승진은 승진이고 일은 이렇게나 많네.

자넨 내게 없어서는 안 될 존재일세.

일을 너무 잘해도 괴롭구나.

이제는 참모로서의 역할을 끝낼 때가 됐어.

히틀러 베르사유 조약 무효화 주장 !

체임벌린 영국 수상 히틀러에게 뮌헨 회담 제의

히틀러가 유럽을 정복하려 하고 있어.

지금 상태라면 히틀러는 그 누구의 말도 듣지 않을 거야.

온 유럽의 하늘을
나치의 깃발로
뒤덮으리라!

대영 제국과
프랑스 공화국은
죽을 때까지 조국의
땅을 지킬 것이다.

그러나 독일은 영국을 제외한 서유럽을 집어삼켰고,
이탈리아는 에티오피아를 침공했습니다.

아시아에서는 일본이 필리핀, 인도네시아, 미얀마를 점령하면서
전 세계는 제2차 세계 대전이라는 광풍에 휩싸였습니다.

독일, 일본, 이탈리아 3국 파시즘 동맹으로 전세계를 피로 물들이다!

이렇게 *파시즘이 퍼져 나가는데!

대체 미국은 뭐가 무서워 참전을 망설이는가?

우물쭈물 하다가는 늦는다는 것을 왜 모르는가!

드와이트 연대장님!

일본군의 공습으로 진주만이 쑥대밭이 되었습니다.

뭐라고?

1941년 12월 7일, 일본은 진주만 공습을 감행하여 태평양 전쟁의 서막을 알렸습니다. 진주만은 미국 하와이주에 위치한 지역으로 일본이 미국의 영토를 공격한 것입니다.

우리 미국도 태평양의 전쟁을 수행한다.

*파시즘: 전쟁을 주장하는 극단적인 전체주의 사상

아이젠하워는 묵묵히 자신의 자리에서 최선을 다하고 있었습니다.

어서 오게, 드와이트 준장.

만나 뵙게 되어 영광입니다. 마셜 참모 총장님.

자네가 기획한 군사 훈련은 아주 훌륭했네.

감사합니다.

우리 육군성에서 유능한 군사 전략가를 필요로 하고 있네.

드와이트 자네가 그 임무를 수행해 줄 적임자일세.

알겠습니다!

이것 또한 좋은 기회다!

1941년 12월, 전쟁 기획부로 발령을 받자마자 아이젠하워는 유럽에서 펼칠 연합 작전을 계획하는 중요한 임무를 맡았습니다.

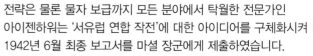

전략은 물론 물자 보급까지 모든 분야에서 탁월한 전문가인 아이젠하워는 '서유럽 연합 작전'에 대한 아이디어를 구체화시켜 1942년 6월 최종 보고서를 마셜 장군에게 제출하였습니다.

유럽 작전 지구 사령관 지침서

이 작전에 자네는 만족하는가?

네! 이 계획이 우리가 승리할 수 있는 가장 확실한 방법이라고 생각합니다.

자네가 만족한다니 됐네. 지금부터 이 작전을 수행하게.

그게 무슨 말씀이십니까?

본인이 구상한 작전을 본인만큼 잘 해낼 사람이 누가 있겠나?

서유럽 연합 작전을 총 지휘할 사람은 바로 자네일세!

척

내…… 내가 총사령관을?

누구를 데리고 가고 싶은가? 언제 떠날 수 있지?

아……!

마크 클라크와 함께 가고 싶습니다!

그리고 해리 배처 소령을 보좌관으로 두고 싶습니다.

육군 장군에게 해군 보좌관이라니 그게 가당키나 한가?

이번 전쟁의 성격상 해군의 긴밀한 협력이 절대적으로 필요하다고 생각합니다!

알겠네. 전례가 없던 조합이지만 해군에 요청해 보겠네.

드디어 오랫동안 바라던 기회가 찾아왔어!

자네의 양어깨에는 대단히 많은 것들이 걸려 있네.

자네의 통찰력을 믿네!

최선을 다하겠습니다!

내가 사람을 제대로 보았기를 바라네. 반드시 성공해 주게.

감사합니다! 마셜 장군님.

뜻대로 된다면 우리가 자네에게 감사해야겠지.

1942년 6월 22일, 서유럽 연합 작전 총사령관이 된 아이젠하워는 기대와 두려움이 뒤섞인 마음을 품고 영국 런던으로 향했습니다.

제2차 세계 대전의 이모저모

하나 ◁ 전쟁의 원인

1945년 6월 5일 주요 연합군 지휘관.(오른쪽부터)타시니, 주코프, 아이젠하워, 몽고메리 ⓒ Bundesarchiv

제2차 세계 대전은 1939년부터 1945년까지 5년간 계속되었습니다.

1929년 세계 대공황이 일어나자 독일 · 일본 · 이탈리아 등은 식민지를 확대하려는 야심을 품게 됩니다.

그리고 주변 나라를 침공하기 시작했지요. 일본은 조선을 시작으로 만주와 동남아시아 국가들을 차례로 집어삼켰고, 이탈리아는 에티오피아를 침입, 독일은 오스트리아와 합병하였습니다.

1939년 9월, 독일이 폴란드를 침략하자 이에 위기를 느낀 영국과 프랑스는 독일에 선전포고를 하고, 전쟁이 시작되었어요.

세계 각지에서 전쟁이 터졌고, 일본과 독일, 이탈리아가 동맹을 맺게 됩니다. 결국 일본이 미국 하와이의 진주만을 기습 공격하여 미국까지 참전하면서 세계 전쟁으로 확대되었지요.

who? 지식사전

파시즘을 주도한 이탈리아의 정치인, 베니토 무솔리니 ⓒ Tekstman

전체주의

전체주의란 개인보다는 사회나 국가 전체를 우선적으로 생각하는 사상이에요. 사회의 모든 권력을 독점하고 대중의 지지를 강요하는 전체주의 세계관은 초개인적인 '전체'에 이념적 기반을 두고 있어요. 개인은 전체의 한 부분에 지나지 않으며 전체를 위해 존재하기 때문에, 전체에 봉사하여 전체의 발전에 도움이 되는 한에서만 그 존재 가치를 지닌다는 것입니다. 역사적으로는 특히 1920년대부터 1940년대에 걸쳐 이탈리아 · 독일 · 일본과 같은 나라에 등장한 파시즘 · 나치즘 · 군국주의 사상을 가리킵니다.

둘 ▶ 노르망디 상륙 작전

1944년 6월 6일, 노르망디 상륙 작전에서의 연합군

1944년 6월 6일, 미국과 영국 연합군은 북프랑스의
노르망디 해안에서 사상 최대의 상륙 작전을
감행했습니다. 이 작전의 정식 명칭은 '오버 로드'예요.
목표는 전쟁 초기 서부전선(프랑스와 독일 사이의
전선)에서 패하여 퇴각한 연합군이 독일 본토로 역공하기
위한 발판을 마련하는 것이었어요. 연합군은 노르망디 상륙
작전의 성공을 위해서 병력을 모으고, 독일군의 보급로를
차단하며, 사령부를 편성하였죠.

상륙 작전의 최고 사령관은 미국의 아이젠하워
장군, 지상군 사령관으로는 영국의 몽고메리 장군이
임명되었습니다. 초기에는 상륙할 지점으로 네 군데
해안을 생각하고 있었는데, 그중 적군의 방어가 가장
허술한 노르망디 해안으로 결정되었어요.

노르망디 해안으로의 상륙

1944년 6월 6일 새벽, 연합군은 6,500여 척의 선박,
1만 2,000여 대의 공군 비행기를 이끌고 노르망디
해안을 기습하여 첫날에만 17만 명의 병력을 노르망디에
상륙시켰습니다. 일부 지역에서 독일군이 완강히
저항했으나 전체적으로는 역부족이었어요. 연합군은
상륙하자마자 진지를 확보해 나갔고, 이에 독일은 우왕좌왕할
뿐이었습니다.

일주일 후 연합군은 33만 명의 병력과 5만 대의 차량, 10만
톤의 물자를 상륙시켰고, 독일군은 공군의 지원도 없이
힘겹게 전투를 치러 내야 했습니다. 게다가 7월에는 독일군
내부에서 히틀러를 암살하려다 실패한 사건까지 일어나
독일은 더욱 위기를 맞게 되었지요. 노르망디 상륙 작전으로
인해 이미 전세는 연합군 쪽으로 기울게 되었답니다. 작전을
성공시킨 연합군은 1944년 8월 25일, 파리를 되찾고, 제2차
세계 대전에서도 승리하게 되었습니다.

USS 아이젠하워, 세계 최대 규모의 항공 모함으로 국가 지도자의 이름을 사용한 예입니다. © Official U.S. Navy Imagery

소련의 전차 T-34 © RIA Novosti

셋 사용된 무기

제2차 세계 대전은 제1차 세계 대전처럼 전력을 다한 전쟁이었어요. 그러나 방식에 있어서는 차이가 있었지요. 제2차 세계 대전은 근접 격투전이었던 제1차 세계 대전과는 달리 먼 거리에서의 공격이 가능했지요. 그럴 수 있었던 이유는 바로 신무기입니다. 5년에 걸친 전쟁 동안 크고 작은 새로운 무기들이 등장했거든요. 전쟁 초반부터 전략적으로 기대된 무기는 항공기였습니다. 제1차 세계 대전 이후 급속도로 발전한 항공기는 제2차 세계 대전에서는 핵심적인 무기로 자리잡았어요. 전차의 활약도 빼놓을 수 없습니다. 그동안 전차는 방어용으로 사용하거나, 보병에게 화력을 지원하는 용도로만 활용되었어요. 그러나 이때부터 전차는 몇 대씩 운용하는 것이 아니라 몇백 대씩으로 편성하여 새로운 작전을 펼치는 것이 가능했지요. 전쟁 초창기에는 조지 패튼 장군이 이끈 전차부대가 뛰어난 활약을 했답니다. 또 로켓과 레이더라는 새로운 무기가 등장했습니다. 당시 독일은 로켓 분야의 기술이 앞서 있었기 때문에 새로운 로켓을 개발해 실전에 사용했어요. 하지만 레이더는 로켓을 탐지했습니다. 독일의 로켓은 목표물에 닿기도 전에 영국의 레이더에 걸려 격추당했지요.

넷 태평양 전쟁

태평양 전쟁은 1941~1945년 일본과 연합국 사이에 벌어진 전쟁으로 제2차 세계 대전의 일부입니다. 일본이 미국 하와이 진주만을 기습하면서 시작되었어요. 하와이는 미국 태평양 함대의 전진 기지가 있는 곳이거든요. 일본은 진주만을 폭격한 뒤에 무서운 기세로 동남아시아 지역을 확보했답니다.
태평양을 사이에 둔 치열한 전투 끝에 1945년 미국은 일본
본토에도 공격을 가했고, 두 차례에 걸쳐 히로시마와
나가사키에 원자 폭탄을 떨어뜨렸어요. 마침내 8월 15일
정오, 일본 일황이 무조건 항복을 선언했습니다.

일본의 진주만 공격으로 가라앉은 애리조나호

다섯 › 전쟁의 결과

결과는 연합국의 승리였습니다. 제2차 세계 대전은
인류 역사상 최대의 전쟁으로, 영국, 프랑스,
미국, 소련 등을 중심으로 한 연합국과 독일, 일본,
이탈리아를 중심으로 한 추축국이 엄청난 인적 · 물적
손실을 냈습니다.
전쟁이 끝난 후, 각지에서는 식민지 민족 해방 운동이
일어났으며, 패전국은 물론 전승국인 영국이나
프랑스에서도 식민지를 잃었답니다. 그리고 제2차 세계
대전으로 세계 최강의 자본주의 국가로 떠오른 미국과
사회주의 국가인 소련이 대치하는 동서 냉전 시대가
시작되었어요.

일본 항복 문서 서명 당시 사진

who? 지식사전

가미카제

가미카제라는 말은 '신(神)의 바람'이라는 뜻입니다. 원나라가 가마쿠라 막부 시절에
일본에 침략했을 때, 마침 불어온 태풍이 원나라의 함대를 침몰시켰어요. 이에 따온
이름이에요.
제2차 세계 대전 때 등장한 가미카제는 적의 군함이나 군사 기지에 일부러 충돌하여
자살한 일본 조종사를 일컫습니다. 국가의 목표를 위해 개인의 목숨마저 바친
가미카제는 사실상 죽음을 강제당한 비극적인 일이었으며, 가미카제를 이용한 전투
결과도 미미했다고 합니다.

가미카제 전투기

5 사상 최대의 작전

야전 지휘라곤 참모로 고작 6개월이 다인 사람한테 그런 중요한 임무를 맡기다니.

대체 무슨 생각으로 결정된 일이야?

흠흠!

당신네 미군들은 제대로 된 전쟁 경험도 없으면서 어찌 그리 자신만만하시오?

영국 사람들은 독단적이고 거만하군요.

이렇게 영국과 미국의 장교들 사이에 마찰이 심해서는 작전을 짤 수조차 없어.

지금 상황에서 내가 무엇을 할 수 있을까?

현재 계획을 검토해 본 결과 필요 이상의 자원 낭비와 인력 소모가 예상됩니다.

흠…….

이걸 좀 보게.

내가 생각한 계획일세.

첫째 : 영국의 진을 열어두고 반드시 영국을 지원하라!
둘째 : 적극적인 참전국으로 러시아를 끌어들여라!
셋째 : 일본군과 독일군 사이에 인도, 중동을 버팀목으로 유지하라!

당장 급한 전쟁은 치르지 않고, 다른 나라 싸움이나 도우라고?

대체 정신이 있는 건지 모르겠어.

군인들이 장군님의 생각을 잘못 이해하는 것 같습니다.

괜찮네. 조금만 지나면 그들도 다 알게 될 거야.

얼마 후, 정말 아이젠하워의 생각대로 연합군 사이에는 서로 의견 차가 줄어들고, 협력하는 분위기가 되었습니다.

아이젠하워 사령관은 여러 인물들을 하나의 팀으로 빚어 내는 탁월한 재주가 있소.

햇불 작전이요?
북아프리카를 공격하면
오히려 그곳의 지배권을 가지고 있는
프랑스를 자극할 뿐 아니겠소?

현재 프랑스는
독일에 충성하는 꼭두각시에
불과합니다.

그래서 프랑스는
우리 연합군을
편으로 생각하지
않지만, 적으로도
생각하지
않습니다.

형식적인 방어만
하겠지요.

이번 작전은 북아프리카에서
독일군을 몰아내는 최선의
방법입니다.

이를 통해 지중해서의 거점을
확보해야 이탈리아 본토 침공을
유리하게 이끌어
갈 수 있습니다!

듣고 보니
그렇군.

1942년 11월 8일 새벽 1시, 알제리 해안에는 500여 척의 함정과 10만 7천 명의 미·영 연합 병력이 횃불 작전을 개시하기 위해 대기하고 있었습니다.

작전 개시!

비버처럼 민첩하게 퓨마처럼 용감하게 싸워라!

해안선에 닿기 전에 격퇴하라.

떵 떵 떵

모든 면에서 연합군의 상대가 안 되었던 독일군은 곧 무너졌고, 연합군은 손쉽게 알제리를 장악할 수 있었습니다.

와아아

독일의 전투 기지들도 확보했으니 이제 독일은 보급로가 끊겼습니다.

계획대로 되어 가고 있다.

이제까지 북아프리카에서 활약하던 독일의 로멜 장군의 손발을 묶어 둔 셈이니,

이 여세를 몰아 시칠리아 섬의 공격을 강행할 것이다!

그러나 얼마 지나지 않아 로멜 장군은 대규모의 전차 군단을 이끌고 쳐들어왔습니다.

감히 이 로멜에게 덤벼?

1942년 12월 24일, 튀니지의 레벨아메라 언덕에서 독일군과 맞닥뜨린 연합군은 독일군을 당해 낼 수 없었습니다.

결국 500여 명의 사상자를 내고, 연합군은 철수할 수밖에 없었습니다.

많은 병사들의 희생에 마음이 무겁구나…….

미군 기지

U.S ARMY BAS

독일의 전차는 절대 못 당합니다.

지금처럼 독일군과 계속 싸우다가는 희생자만 늘어날 뿐입니다.

승리를 얻기 위해서는 경험뿐 아니라 우수한 무기도 필요하다는 사실이 명백해졌소.

우리가 너무 쉽게 생각한 것 같군요. 부대 편성도 능률적이지 않았소.

참모 본부와 야전군을 재편성하고,

새로운 장비와 작전으로 독일군을 칠 것이오!

네? 그렇다면 우리를 자르시겠다는 건가요?

냉철한 판단을 했던 아이젠하워였지만, 작전실 밖에서의 모습은 매우 소탈했습니다.

드와이트 장군님은 인정이 많더라.

연합군 대공세를 앞둔 어느 날

안녕하십니까?

헨리 병장?

자네도 산책 중인가 보군.

표정이 어둡군. 무슨 고민이라도 있나?

사실…….

전투를 앞두고 너무 초조하고 신경이 자꾸 곤두섭니다.

흐음……, 그럴 수밖에 없지.

자네는 나와 좋은 짝이 되겠군.

네?

나도 자네와 같은 이유로 산책을 하고 있는 중이니까……

장군님께서도 불안감을 느끼시나요?

물론이네. 자네 눈에는 지휘관인 내가 대단해 보일지 모르겠지만 나 역시 불안한 건 똑같다네.

하지만 이런 마음을 병사들에게 들키면 안 되지. 스스로 마음을 가다듬을 수밖에……

인생은 100미터 달리기가 아니라 마라톤이란 걸 말일세.

장군님……

헨리, 자네에게 이 말을 해 주고 싶네.

무작정 앞만 보고 내달리지 말고 고통을 인내하며 묵묵히 나아가는 사람이 승리할 걸세.

옳은 말씀입니다!

아이젠하워의 따뜻한 리더십은 병사의 사기를 증진시키는 데에도 큰 도움을 주었습니다.

1943년 2월 13일, 아이젠하워는 새로 편성된 야전군을 이끌고 적진을 향해 나아갔습니다.

이제 곧 우리는 영국 부대와 미국 포병대와 합류하여

독일군과 전면전을 벌일 것이다!

적의 전차가 아무리 강력하더라도 우리의 155밀리 포탄에는 견뎌 내지 못할 것이다.

이것으로 원수를 갚는 거다.

최강을 자랑하는 로멜의 전차 군단은 강력한 화기로 중무장한 연합군의 공격에 밀리기 시작했고, 결과는 독일군의 참패로 끝났습니다.

횃불 작전이 성공적으로 끝나고 전세가 유리하게 전개되자, 지휘 능력을 인정받은 아이젠하워는 1943년 2월 28일, 임시 대장으로 진급하고 이탈리아 본토 침공을 준비하기 시작했습니다.

으하하! 이게 누구신가?

소령 조지 패튼! 사령관님께 발령을 보고드립니다!

어서 오게, 패튼. 이게 얼마만인가?

작년 몰타에서 작전 회의 때 만나고 1년 만이로군요.

아이젠하워는 시칠리아 전투를 지휘할 사단장으로 자신의 오랜 친구인 조지 패튼을 기용하였습니다.

잠시 일 얘기는 미뤄 두고 회포나 풀면서 옛날로 돌아가세.

허허, 그럴까?

자네도 알고 있는 얘기겠네만 횃불 작전은 어렵게 성공했네.

특히 로멜 장군의 부대가 야전군과 합류해서 역습을 할 때는 암담했지.

하하! 그래서 천하의 드와이트가 50마일이나 꽁지 빠지게 도망가지 않았나?

난 아직도 그 생각만 하면 치가 떨린다네.

또 그런 일이 생기면 안 되지 않겠나?

이게 바로 모로코에 있던 자네를 미국 제7군 사령관에 임명한 이유일세.

로멜 장군을 상대할 사람은 자네뿐일세.

으음……, 맡겨 주게나!

아이젠하워는 패튼을 사령관에 임명하였습니다.

패튼, 자네의 역할은 시칠리아섬으로 침공할 몽고메리 장군의 영국군을 엄호하는 것일세.

알겠습니다.

그러나 강력하게 밀고 나가는 성격의 패튼과 모든 일에 신중을 기하는 몽고메리는 사사건건 대립하였습니다.

내친김에 독일군의 완강한 저지선을 돌파해야 합니다!

그것은 안 되오.

영국군의 엄호와 입성을 위해 진군 속도를 늦추어야 합니다.

그렇게 거북이처럼 진군하면 어느 세월에 메시나를 함락시키겠소. 진격해 나갑시다!

전쟁에서 승리를 달성하려면 반드시 협력해야 한다는 사실을 두 장군이 증명해야 합니다.

연합국 파견군 총사령부야말로 장내 평화를 유지하기 위해서 서로 협력하면 그것을 증명해 보일 수 있을 것이오.

아이젠하워는 설득과 중재를 통해 사람들의 협력을 이끌어 내는 탁월한 능력까지 갖추고 있었습니다.

좋습니다. 그렇게 하도록 합시다.

시칠리아섬을 공격하는 순서로는 우선 판텔레리아를 탈취하는 것으로 시작한다.

알겠습니다.

1943년 6월 1일, 아이젠하워의 지휘 아래 드디어 연합군의 이탈리아 침공이 대대적으로 개시되었습니다.

이로써 이탈리아 본토 침공의 *교두보가 마련되었다.

이탈리아 본토로 출격한 연합군은 나치와 파시스트가 있는 곳이라면 어디든 무차별 공격을 가하였습니다.

그 결과 1943년 7월 25일, 무솔리니의 파시즘 정권은 무너졌으며, 9월 11일에 이탈리아 함대는 몰타섬에서 연합군에게 항복하였습니다.

햇불 작전과 이탈리아 작전이 성공할 수 있었던 것은 아이젠하워의 탁월한 지휘 능력이 있기에 가능했소.

동감입니다. 몽고메리, 패튼 같은 고집 센 부대장을 장악하고 적재적소에 배치하는 탁월한 용병술은 그가 아니면 해낼 수 없는 것이었습니다.

*교두보: 적진의 영토 한가운데나 아군의 상륙 지점

전쟁의 영웅들

제2차 세계 대전을 통해 영웅으로 떠오른 장군들이 있습니다.
5성 장군인 드와이트 아이젠하워 외에도 더글러스 맥아더,
조지 마셜, 그리고 4성 장군 조지 S. 패튼입니다. 이들의 별의
개수를 합하면 19개. 그래서 지금도 사람들은 이들을 나인틴
스타즈(Ninteen Stars)라고 부르지요.

하나 더글러스 맥아더

제2차 세계 대전 중의 더글러스 맥아더

더글러스 맥아더(1880~1964년)는 아이젠하워와는 대조되는
삶을 살았습니다. 그는 언제나 1등이었지요. 1903년 육군 사관
학교를 수석으로 졸업한 뒤 1930년에 육군대장이 되었어요.
그리고 1941년 필리핀에서 미국 극동 군사령관으로 지내다
태평양 전쟁을 겪게 되었습니다. 침략한 일본에 대응하여
필리핀을 지켜 내고, 결국 1945년 8월, 일본을 항복시키기에
이르렀지요. 최고 사령관이 된 맥아더는 1950년 6 · 25
전쟁에서 인천 상륙 작전을 펼쳐 공을 세웁니다. 그러나
곧 중공군의 침입으로 후퇴하게 되고, 새로운 군사 작전을
세웁니다.
하지만 당시 미국 정부는 전쟁의 확대를 원하지 않았어요.
결국 1951년 4월, 사령관직에서 물러나야만 했고, 미국으로
돌아갔습니다.
맥아더는 "노병은 죽지 않는다. 다만 사라질 뿐이다."라는
말로 유명해요. 한국 전쟁에서도 공을 세웠기에 우리나라
인천에도 그의 동상이 세워져 있답니다.
아이젠하워는 한때 맥아더의 참모를 지내기도 했어요.
천재적인 전략가 맥아더를 잘 따랐고 많은 것을 배우게
되었지요.

1950년의 맥아더와 그의 가족들

둘 조지 패튼

제2차 세계 대전에서 활약한 조지 패튼 장군

조지 패튼(1885~1945년)의 가문은 오랫동안 많은 군인을 배출했습니다. 그는 1909년 웨스트포인트 육군 사관 학교를 졸업한 뒤, 1917년 제1차 세계 대전에 참전했지요. 전쟁 초창기부터 그는 전차 부대를 맡아 뛰어난 활약을 했어요. 제2차 세계 대전이 발발한 뒤 유럽 서부 전선의 미군 지휘관으로 이탈리아의 시칠리아섬 전역과 팔레르모를 재빨리 장악하는 공을 세웠어요. 1944년 노르망디 상륙 작전에서는 전통적인 작전 대신에 전폭적인 공격으로 프랑스 중부 전역을 장악했지요. 같은 해 12월에 25만 명의 독일군이 아르덴느 숲에서 역공을 해 온 발지 전투에서 바스토뉴 지역에 포위된 101공수사단을 구하고, 독일에 역공을 가하는 큰 역할을 했답니다.

패튼은 용맹하고 저돌적인 지휘자입니다. 병사를 심하게 때리거나 심한 비난을 하기도 했지요. 부하들은 이런 그를 '흉악한 늙은이'라는 별명을 지어 불렀다고 해요. 아이젠하워와는 육군 사관 학교 선후배 사이이면서 전쟁을 함께 겪은 전우로 각별한 사이입니다. 패튼은 괴팍한 자신을 믿고 인정해 주는 아이젠하워를 잘 따랐습니다.

웨스트포인트 육군 사관 학교

who? 지식사전

제1차 세계 대전

제1차 세계 대전은 1914년 7월 28일, 사라예보 사건이 계기가 되어 일어났습니다. 대부분의 유럽 국가와 미국, 러시아 등의 나라들이 참여한 세계적 규모의 전쟁이었지요. 동맹국(독일, 오스트리아 등)과 연합국(프랑스, 영국, 러시아 등) 사이에서 벌어진 이 전쟁의 승자는 풍부한 물자와 군사력을 가진 연합국이었습니다. 전쟁에서 패한 독일과 오스트리아는 몰락의 길을 걸었으며, 그로 인한 유럽의 불화는 제2차 세계 대전의 원인이 되었습니다.

제1차 세계 대전 당시 프랑스 군대

조지 마셜(1880~1959년)은 1901년 버지니아 군사 대학을
졸업한 후 제1차 세계 대전에 참모장으로 참전하였습니다.
1924년부터 약 3년 동안 중국에서 근무하고, 1938년 참모본부
작전 부장을, 1939년 참모 총장을 지냈습니다. 제2차 세계
대전 때 미국과 영국의 합동 참모 본부의 최고 지휘자가
되어 북프랑스 상륙 작전을 성공으로 이끌었지요.
조지 마셜은 누구보다 강한 인내심을 가지고 있었습니다.
그리고 그는 강인했습니다. 그는 육군참모총장을 맡아
달라던 루스벨트 대통령의 코앞에서 '감사합니다.'라는
말도 없이 당돌하게 수락한 사람입니다.
육군참모총장으로서 마셜은 태평양의 맥아더,
대서양의 아이젠하워와 패튼,
영국의 몽고메리 등 많은
장군들을 다독여 전쟁을 승리로 이끈
장본인입니다.
제2차 세계 대전 후 유럽 경제는
파탄에 이르렀습니다. 소련의
세력이 더욱 커져 세계적으로

조지 마셜

미국 육군참모총장기

공산주의가 확대되어 갔지요. 이를 막기 위해서는 유럽의
경제를 부흥시켜야 했습니다.
1947년 국무장관을 지내던 마셜은 유럽에 달러를
지원하는 '마셜 계획'을 발표했고, 이로 인해 서유럽의
경제는 4년 동안 36퍼센트나 성장했답니다. 마셜
계획으로 그는 1953년 노벨평화상을 수상하기도 했어요.
아이젠하워와 마셜의 관계는 돈독했습니다. 마셜은
아이젠하워의 능력을 알아보고 유럽연합군 최고
사령관으로 임명했으며, 격려를 아끼지 않았어요.

Whatever the weather
We must move
together

'마셜 계획' 당시 미국이 선전을 위해 제작한 포스터

버나드 로 몽고메리

버나드 로 몽고메리(1887~1976년)는 영국의 군인입니다.
제2차 세계 대전 때 연합군 사령관으로 뛰어난 활약을
했지요.

그는 1908년 육군 사관 학교를 졸업한 후 1910년부터
4년 동안 인도에서 근무했어요. 1914년 제1차 세계
대전이 끝난 후에는 아일랜드와 팔레스타인에서
근무했지요. 그리고 1931년 대령으로 승진, 1938년
팔레스타인의 사단장을 지냈습니다.

제2차 세계 대전 때에는 제3사단장으로 프랑스군과
연합하여 독일군의 공격에 대항했습니다. 비록
실패로 돌아갔지만, 계속해서 임무에 충실했지요.
1942년 윈스턴 처칠은 북아프리카에 머무는 영국
제8군의 사령관으로 몽고메리를 임명했습니다.
이때 제8군은 독일의 로멜에게 패배해 이집트로
밀려나 있었는데, 몽고메리는 사단장으로서
부하들의 사기를 증진시키고 장비를 보충해 전력을
보강했지요. 그 결과 잇따른 독일군의 공격을 막아 낼 수
있었고, 로멜을 이집트에서 몰아냈어요. 그는 북아프리카로
도망가는 독일군을 추격해 1943년 튀니지에서
항복을 받아 냈답니다.

버나드 로 몽고메리

연합군이 이탈리아의 시칠리아섬을 성공적으로
장악할 때도 몽고메리의 역할이 컸습니다. 제8군을
이끌고 이탈리아 동쪽 해안선에서 꾸준히 전진해
연합군이 프랑스를 침공할 수 있는 발판을 마련해
주었거든요. 1944년 노르망디 상륙 작전에서는
영국군 총사령관으로 활약했고, 독일 본토를 공격할
때에는 미국의 패튼 장군과 각각 큰 공을 세웠어요.

몽고메리가 활약한 시칠리아 상륙 작전

6 개선장군

전쟁 초기 서부 전선에서 독일에 패하여 유럽 대륙으로 퇴각한 연합군은
독일 본토로 진격하기 위한 발판을 마련하고자 했습니다. 그 기점을 바로
프랑스의 노르망디 해안으로 삼았습니다.

독일군의 병력보다
더 많은 병력을 빨리
해안에 상륙시킬 수
있어야 합니다!

어떻게 우리가 먼저
적의 기지를 파괴시킨단
말입니까?

공군 폭격이라면
가능합니다.
적의 교량과 레이더를
철저히 파괴해야
합니다!

이것이
이번 작전의
관건이지요.

몽고메리 장군께서는 상륙군의 실전 지휘를 맡아 주시오.

알겠습니다!

브래들리 중장께서는 영국 지상군과 더불어 총력을 다해 상륙 작전에 임해 주시오.

알겠습니다!

이제 운명의 시간이 다가왔습니다.

우리의 모든 지식과 훈련 경험을 총동원하여 독일군을 퇴각시킵시다!

그러나 노르망디 상륙 작전 당일은 새벽부터 내린 폭우와 안개로 작전을 수행하기 어려운 극한 상황에 처해졌습니다.

쏴아아아아

수송기 2316대와 수많은 낙하산 공수 부대를 독일군 배후에 투하해 프랑스 내륙에 거점을 확보한 연합군은, 그와 거의 동시에 항공기 총 1만 3천 대와 함선 6천 척을 동원하여 노르망디 해안을 초토화하면서 7개 사단을 상륙시켰습니다.

프랑스 시민들이여, 이미 프랑스 땅에 발을 딛는 연합군의 성공적인 상륙이 이루어졌습니다.

상륙 작전이 치열해지자 아이젠하워는 라디오를 통해 프랑스와 서유럽의 국민들에게 사실을 알렸습니다.

이번 상륙 작전은 서부 유럽을 해방시키는 첫 발걸음이며 우리는 앞으로 수많은 전투를 치러야 할 것입니다.

자유를 사랑하는 모든 이들이 우리들의 편에 서 주길 기원합니다.

상륙에 성공하자 해상에 있던 연합군 전함들은 독일군의 방어 진지를 향해 수만 발의 포탄을 일제히 날리기 시작했습니다.

그리고 먼저 상륙한 공병 특공 대원들은 탱크와 자주포의 엄호를 받으며 진격해 나갔습니다.

제1군, 제2군 모두 노르망디 해안에 성공적으로 상륙했습니다.

잘됐어.

하지만 미군 보병 사단이 상륙한 오마하 해변에서는 피비린내 나는 격전이 벌어지고 있답니다.

뭐라고?

오마하 해변 곳곳에 있는 절벽을 요새로 삼은 독일군이 대규모로 진격해 오는 미군 보병들을 향해 무차별 공격해 온 것입니다.

양키 놈들을 죄다 바다에 밀어 넣어!

그러나 미군은 끝끝내 독일군의 공격을 저지하고, 절벽에 숨어 있는 독일군 포대와 탄약고를 폭파하였습니다.

노르망디 상륙 다음 날인 6월 7일, 아이젠하워는 함상에서 몽고메리, 브래들리, 알렌커크와 회의를 열었습니다.

독일군이 병력을 보완하는 속도보다 우리가 교두보를 확대해 나가는 속도가 더 빨라야 하오. 더 진격해 가시오.

이를 위해 연합군은 32만 7천여 명의 후속 병력과 5만 4천 대의 차량, 1만 4천 톤의 보급품을 양륙시켰습니다.

그리고 연합군은 빠른 속도로 교두보를 확대해 나가기 시작했습니다.

6월 27일에는 쉐르부르,

7월 18일에는 생로,

7월 24일에는 캉이 연합군 수중에 떨어졌습니다.

좋았어!

그 결과, 연합군은 작전 두 달 만인 1944년 8월 25일, 파리를 독일로부터 되찾을 수 있었습니다.

파리는 독일 본토로 진격해 들어갈 수 있는 최후의 교두보다!

본토에 상륙합니까?

그렇다. 독일의 경제 체제를 무너뜨린다!

타타탕

타라라락

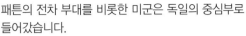
패튼의 전차 부대를 비롯한 미군은 독일의 중심부로 들어갔습니다.

그러나 1944년 12월 16일, 밀리기만 하던 독일군은 강력한 역공을 개시했고, 이에 신병들로 이루어진 미군은 여지없이 무너지기 시작했습니다.

독일군이 공격해 오다 멈추고 갑자기 방향을 북부로 바꾸었습니다.

그렇다면…….

독일군이 향하는 곳은 연합군의 물자 보관소가 있는 '레쥬'다!

결국 1945년 5월 8일, 독일군 대표가 항복 문서에 서명하며 5년 8개월에 걸친 전쟁이 끝났습니다.

왜 당신 마음대로 결정이요!

지위를 남용해 베를린을 소련의 치하에 두다니!

당신은 비난받아 마땅합니다!

그건 잘못된 일이 아니오.

뭐요?

그리고 소련은 독일의 침공으로 연합군 측보다 많은 피를 흘렸습니다. 소련 입장에서 더 이상 그러한 비극을 겪지 않으려면 베를린을 지배해 독일을 견제해야 합니다.

베를린은 지리적으로 러시아와 더 가깝고 병력 또한 우세합니다.

우리의 목적은 오직 적군을 무찌르는 것이었으며 그 목적을 이루어 냈습니다.

끄응.

1945년 6월 12일, 런던에 방문한 아이젠하워는 수백만의 런던 시민들로부터 열렬한 환영을 받았습니다.

여러분의 열렬한 환영에 너무나 감사합니다.

와 아 아

부하와 전우의 희생으로 얻어진 칭찬에 겸허하지 않을 수 없습니다.

그러나 런던시의 명예 시민이 된 저의 대단한 자랑을 부정할 수는 없습니다.

와 아 아 아

일주일 후, 미국으로 돌아온 아이젠하워는 최고의 영웅으로 환대를 받았습니다.

우리는 이 위대한 승리 뒤에 있는 수많은 희생을 잊어서는 안 될 것입니다.

그들을 비탄의 수렁에서 구해 낼 수 있는 유일한 길은 두 번 다시 그러한 전쟁을 일으키지 않는 것입니다.

3일간의 환송 일정을 마친 후 아이젠하워는 아들 존과 고향으로 돌아갔습니다.

이곳도 열기가 대단한데요, 아버지!

와 아 아

아이크, 고향에
온 걸 환영한다.

형님!

아이젠하워의 가족들은 무엇보다 아이젠하워가 건강한
모습으로 돌아온 것에 감사하고 기뻐했습니다.

못 뵌 사이
많이
늙으셨군요.

허허!
이 녀석!

알, 밀턴. 아버지의
바람대로 사회에 기여하는
사람이 되었다니
자랑스럽구나.

형님 앞에선
명함도 못 내밀지요.

어머니!

오~ 아이크,
장한 내 아들.

무사히
돌아와 줘서
고맙구나.

다 어머님의
기도 덕분입니다.

온 세계를 돌아다니면서도
제 마음에 항상 내 고향
애빌린이 있었습니다.

애빌린은 저의 일가
친척들, 그리고 오랜
친구들이 있는 곳입니다.

가족 전체를 대신해서
과분한 환영을 해
주신 것에 대해서

애빌린의 모든 분께
깊은 감사를 드리는
바입니다.

아이젠하워를
대통령으로

제창이오
!

대통령이요?

아니, 난 생각이
없소.

여러분, 저는 지금으로 만족합니다. 저에게 다른 짐을 지우지 마십시오.

와 아 아

본인은 정치에 전혀 관심이 없으니, 제발 관심을 꺼달라는군.

자네는 그런 말을 믿나?

대개 그런 위치에 있는 사람이 표면상 내뱉는 말일 뿐이라고.

이 당시 아이젠하워의 앞날을 둘러싸고 근거 없는 정치적인 추측이 난무하고 있었습니다.

1945년 11월, 해리 트루먼 대통령은 아이젠하워를 육군 참모 총장에 임명했습니다.

참모 총장님, 전화입니다!

연결해 주게.

아…….
알겠습니다.

고오오오

전쟁 때문에 아버지
임종도 못 지켜 드렸는데
어머니까지…….

1946년 9월 1일, 아이젠하워가 그토록 사랑하고 존경하던
어머니가 84세의 일기로 세상을 떠났습니다.

세상의 소금처럼 살다 가신 나의 어머니, 부디 천국에서 행복하세요.

육군 참모 총장 취임식 때 보고 2년 만이로군.

그동안 찾아뵙지 못해 송구합니다. 마셜 장군님.

괜찮네. 자네 위치가 그리 한가한 자리인가?

들자 하니 요새 3군의 통합을 위해 눈코 뜰 새 없이 바쁘다지?

그렇습니다. 지휘가 효율적으로 이루어지기 위해서 꼭 필요한 일입니다.

그건 그렇고, 대통령 선거를 1년 앞두고 여기저기서 말이 많던데?

자네를 대통령으로 앉히기 위한 단체도 여럿이야.

정말 저도 그것 때문에 미칠 노릇입니다.

저는 정치적 야망이 없습니다.

그런데 사람들은 저를 본심을 숨기는 거짓말쟁이로 생각합니다.

여러 의원들도 자네를 대통령에 적임자라 생각하고 있네.

어쩌면 지금 미국에서 필요로 하는 대통령이 자네와 같은 사람이 아니겠나.

제가 어떻게 대처하면 좋겠습니까?

나 역시 그들과 같은 생각이네.

자네가 대선에 출마한다면 우리 군 원로들은 적극 지지하겠네.

자네를 만나고자 한 것도 이 말을 전하기 위해서였네.

말씀은 감사합니다.

정치는 하나의 직업으로 다룰 수 없는 매우 숭고한 일이지.

이렇게 중요한 ㅈ 평생 군인의 ㄱ 걸어온 내가 앉는 건 말도 안 ㅁ

1948년 1월 23일, 아이젠하워는 대통령 불출마를 공식적으로 발표했습니다.

34대 대선 예상 투표 결과 아이젠하워 압도적 1위 예상

아이젠하워 - 47%
트루먼 - 40%
월레스 - 6%

승낙하기만 하면 대통령이 될 수 있는 명예를 스스로 버리다니……

미국 역사상 이런 인물이 또 있었던가!

1948년 봄, 아이젠하워는 현역에서 은퇴하여 컬럼비아 대학 총장이 되었습니다. 그는 군 지휘관으로 쌓은 행정 실력을 바탕으로 대학 행정 기구의 능률을 높이기 위해 최선을 다했습니다.

지금 이 자리에서 최선을 다하는 것이 나의 도리다.

아이크 형님, 요즘 대학 발전 기금을 유치하느라 혈안이 돼 있다면서요?

그런데 그게 왜?

제가 총장으로 있는 캔자스주 대학 교수들이 형님 덕분에 사기가 떨어져서 말이죠. 저희는 교수들 봉급이 적은 걸로 유명하잖아요.

허험

그렇게 기금 유치에 열심인 이유가 뭡니까?

그것이 결국은 학생들을 위한 것이기 때문이지.

교수들이 사명감을 가져야 훌륭한 교육이 가능해.

1950년 12월 18일, 아이젠하워는 트루먼 대통령의 부름을 받았습니다.

공산화된 소련이 서유럽에 큰 위협이 되고 있소.

이에 연합국은 서유럽 방위를 강화하는 북대서양 동맹군(NATO)을 창설했소.

아이젠하워 당신이 NATO의 최고 사령군을 맡아 주시오.

알겠습니다, 대통령 각하.

아이젠하워는 2년여 간의 활동 기간에 서유럽 12개국의 군대를 통솔하고 공동방위체를 구축하는 데 성공했습니다.

1952년, 또다시 미국의 대통령 선거가 가까워짐에 따라 아이젠하워를 대통령 후보로 세우려는 움직임은 더욱 활발해져 갔습니다.

아이젠하워, 이번에는 제발 출마해 주게.

대통령이 된 나라를 위해 큰일을 할 수 있을지도…

최고 사령군 자리에서 사임한 아이젠하워는 1952년 11월, 압도적인 표 차이로 제34대 미국 대통령으로 당선되었습니다.

그래, 나는 이제 군인이 아니라 이 나라의 대통령이다.

국가의 대표, 대통령

대통령은 '국가 원수'이자 '행정부의 수반'입니다. 말이 참 어렵지요? '국가 원수'란 외국에 대해 우리나라를 대표하는 사람이라는 뜻이에요. 나라를 대표해서 국제회의에 참석하고, 나라 사이의 약속과 갈등을 해결하는 일은 대통령의 중요한 직무랍니다. '행정부의 수반'이란 대통령은 나라 살림을 맡고 있는 행정부를 이끄는 사람이라는 말이에요. 행정부의 공무원들은 대통령에 의해 임명되지요.

대한민국 제19대 대통령에 당선된 문재인의 취임 선서 모습

하나 ▶ 대통령이 하는 일

1. 나라를 대표해서 외교 활동을 합니다.
2. 나라에 위급한 일이 있을 때 '긴급 명령'을 내리고 *계엄을 선포합니다.

   *계엄: 국가 비상사태 때 군이 일정한 지역을 맡아 다스리는 일

3. 나라의 중요한 결정을 할 때, '국민 투표'를 실시할 수 있습니다.
4. 국회에 법을 제안하거나 국회가 만든 법을 거부할 수 있습니다.
5. 공무원을 임명하고 행정부를 지휘합니다.
6. 국무 회의를 책임지고 맡아서 처리합니다.
7. 전쟁을 하기 전 다른 나라에 전쟁을 할 것을 알리는 '선전 포고'를 합니다.

대통령은 국가를 대표해 다른 나라를 방문하기도 하며 회담을 통해 국가간의 문제를 논의합니다.

이외에도 대통령은 해야 할 일이 아주 많아요. 그러나 만일 대통령이 사망했거나, 직무를 수행할 수 없다면 어떻게 될까요? 1차적으로 국무총리가 그 권한을 대행하고,

2차적으로는 법률이 정한 국무 위원의 순위에
따라 그 권한을 대행합니다.

둘 ◁ 대통령의 선출

대통령은 국민의 직접 선거에 의해 선출됩니다.
대통령 후보가 되려면 만 40세 이상이어야 하며,
어느 정당이나 일정한 수의 선거인으로부터 추천을
받아야 해요.
대통령 선거일을 기준으로 하여 만 19세 이상의
국민이면 모두 투표를 할 수 있고, 당선된
대통령의 임기는 5년입니다.
임기를 정해 두는 이유는 한 사람이
오랫동안 집권하여 생길 수 있는 여러 가지
문제를 막고, 평화적으로 정권을 교체하기
위해서랍니다. 민주 정치를 발전시키기
위해서이지요.

만 19세 이상이라면 누구나 투표할 수 있어요.

대한민국 대통령의 관저인 청와대 ⓒ Humorahead01

who? 지식사전

세계의 여성 대통령

지금까지도 여성이 대통령(총리)이 된다는 것은 흔한 일이 아닙니다. 세계 곳곳에서는
훌륭한 여성 대통령들이 속속들이 등장하고 있지요. 특히 마거릿 대처는 영국의 전 총리로
총리직을 3번이나 연임하였습니다. 이것은 유럽에서도 최초, 세계에서도 최초의 일이지요.
그녀는 과감한 경제 정책을 펼쳤어요. 영국을 위기에서 구하고자 펼친 이런 독단적인 정책은
그녀에게 '철의 여인'이라는 별명을 붙여 주었답니다.

마거릿 대처 ⓒ chris Collins

마거릿 대처 외에도 아일랜드의 메리 매컬리스, 핀란드의 타르야 할로넨, 라이베리아의 엘런
존슨설리프, 독일의 앙겔라 메르켈 등 유럽에서는 적지 않은 여성 대통령이 나왔습니다.

대통령 아이젠하워

아이젠하워는 1952년 대통령 선거에서 압도적인 표 차로 당선되었습니다. 그리고 그는 1953년부터 8년 동안 임기를 지냈지요. 아이젠하워는 대통령직을 수행하는 동안 동서 냉전의 갈등 완화, 6·25 전쟁의 휴전, 나라의 자본을 보호하는 정책, 수에즈 문제 해결 등의 업적을 남겼습니다. 우리나라에도 1952년과 1960년, 두 번 방문했어요.

아이젠하워 대통령의 취임을 기념한 퍼레이드
© Old Guard Museum

하나 ⟩ 소련과의 냉전 완화

아이젠하워는 강력한 군사력을 바탕으로 동서 냉전 갈등을 해소시키고 싶어 했어요. 미국은 제2차 세계 대전의 승전국으로 세계적으로 큰 영향력을 가지게 되었죠. 이에 세계 최초로 공산화에 성공한 소비에트연방(소련)이 맞서게 됩니다.

공산주의 세력은 중국, 몽골, 헝가리 등으로 퍼지고, 한반도로 눈을 돌리게 되었어요. 소련이 북한을 점령하고, 미국은 남한에 세력을 뻗쳤습니다. 미국과 소련이 대립하며 1950년 남한과 북한 사이에 전쟁이 발발합니다. 이것이 6·25 전쟁이며 최초로 자유주의와 공산주의가 맞붙는 사건이 되었지요. 3년간의 전쟁 끝에 휴전하고, 미국과 소련도 냉전 체제에 돌입하였습니다.

이런 상황에서 대통령을 맡게 된 아이젠하워는 소련과의 냉전을 완화시키기 위해 노력했습니다. 그러다 1953년 소련의 독재자 스탈린의 죽음으로 냉전 분위기가 한결 완화되어 갔지요. 아이젠하워는 양국의 군사 시설을 서로 교환하자고 제안했고, 소련은 이에 적극 동의한 것은 아니지만 회담에는 성의 있게 참여했답니다.

아이젠하워가 손을 들어 인사하고 있어요.
© Old Guard Museum

국내 정책

재선에 성공한 아이젠하워는 국내 정책에 더욱 신경을
썼습니다. 예산을 균형 있게 조정하려고 했으며, 루스벨트
대통령의 뉴딜 정책(대공황을 극복하기 위하여 정부가
적극적으로 경제에 개입한 정책)도 계속 이어 갔습니다. 그는
또 "미국 안에 불평등이 절대로 존재해서는 안 된다."라고
말하며 인종 차별에 대해 강력히 반대했습니다. 심지어
군대를 파견해 학교 내 인종 차별 문제를 감독하기도 했어요.

핵무기 반대 마크이지만 평화를 상징하는
마크로 더 많이 사용돼요.

셋 ### 세계의 평화를 위한 기원

세계의 평화를 위한 그의 노력은 계속되었어요. 핵을
보유하지 않은 국가들에게 미국의 우라늄을 빌려주기도
했답니다. 평화를 위함이었죠.
1961년 1월, 아이젠하워는 백악관을 떠나면서 군사력을
적정 수준으로 유지하는 것이 중요하다고 강조했어요.
동시에 장기간 국방비를 지출하는 것이 얼마나 큰
위험을 가져다 줄 수 있는지에 대해 경고했지요. 그의
고별사는 평화를 기원하는 기도로 끝났습니다.

핵폭탄 실험으로 생긴 버섯구름

who? 지식사전

미국 대통령의 관저, 백악관

우리나라의 대통령은 임기 동안 청와대에 머뭅니다. 마찬가지로 미국 대통령은
백악관에서 업무를 보지요. 백악관은 수도인 워싱턴 D.C에서 가장 오래된
건물입니다. 1800년에 완성되어 1814년 독립 전쟁 때 영국군의 방화로
소실되었다가, 재건 후 외벽을 하얗게 칠해 백악관(White House)으로 불리기
시작했어요. 대통령의 기자 회견이나 조약 체결 등 공식 행사도 이곳에서
열린답니다.

백악관 중 북현관 ⓒ Sergio Caltagirone

7 제34대 미국 대통령

우리는 나라를 위해 모든 것을 두려워하지 말고 강행할 수 있어야 합니다.

특권을 원리원칙보다 더 중요시 여기는 사람은 결국 양쪽 다 잃게 될 것입니다.

1953년 1월 20일, 아이젠하워 대통령의 취임식

역사는 절대로 약하고 겁 많은 자에게 오랫동안 자유를 맡겨 놓지 않기 때문입니다.

모두들 각자 맡은 부처에서 최선을 다해 주십시오.

각하, 이렇게 각 의원들에게 일을 맡기고 적극적으로 관여하지 않는 것에 의문을 가지는 사람들이 많습니다.

알고 있네.

아무래도 나보다는 행정 전문가들이 그 분야에 대해 더 많이 알고 있지 않겠는가.

네?

사람들을 믿고 맡긴다면 그만큼 효율적으로 일처리가 될 거라는 것이 내 오랜 지론일세.

아, 그렇습니까?

그리고 애덤스, 당부할 것이 있네.

대통령 아이젠하워는 국민들과의 소통을 위한 자리라면 어디든 시간을 쪼개어 달려갔습니다.

저는 대통령이 된 순간 국민들을 위해서 모든 것을 바칠 결심을 했습니다.

아이젠하워는 약속을 지키는 대통령이야.

아이젠하워의 이러한 리더십은 미국 내의 정치적 안정을 가져왔으며, 정치적 안정은 높은 경제 성장으로 이어졌습니다.

미국 경제, 여전히 호황

국민 총 생산 25% 증가

가계 평균 수입 15% 증가

무한 경쟁과 거기에 따른 폐해 등 자본주의 성공에 회의적이던 지식인들도 자본주의의 성공과 가치관에 대한 인식을 새롭게 가지게 되었습니다.

미국의 번영을 막는 자본주의에 대한 회의를 말끔히 씻어 주었습니다.

그렇소. 공산주의의 도전에 맞서 용기 있게 싸울 수 있게 됐소.

그 결과 미국은 세계 초강대국으로서의 지위를
더욱 확실히 해 나갈 수 있었습니다.

그러나 미국과 경쟁 관계였던 소련은 이러한 미국의
성장에 강한 경계심을 가지고 있었습니다.

미국보다 경제력이
뒤져도 군사력은 우리가
으뜸이지.

소련이 핵 개발에 열을
올리고 있습니다. 각하!

우리도 국방비를
대폭 늘려 핵무기를 더
많이 확보해야 합니다.

나는 반대요.

그렇다면 소련의 핵
위협을 보고만 있자는
것입니까?

핵 위협에 핵으로
대처한다는 것은
어리석은 짓이오.

핵무기 경쟁은
인류의 멸망을
가져올 뿐이오.

우리가 핵을 늘리면 소련 또한 그럴 테지요. 그러다 전쟁이 일어난다면!

난 대통령으로서 전쟁이 일어나는 것을 원치 않소.

전쟁이라면 아주 지긋지긋하단 말이오.

전쟁을 막기 위해 핵을 늘려야 한다는 겁니다.

그런 논리라면 소련 역시 전쟁을 바라지 않기 때문에 핵을 늘린다는 것이 되오.

지금 필요한 것은!

소련에게 우리 미국이 핵 확산에 더 이상 관심이 없다는 것을 확인시켜 주는 것이오.

아이젠하워는 동서 냉전 체제를 이끌어 가면서 군비 경쟁은 최소화한 반면, 소련의 확장 정책에는 정면 대응했습니다.

소련의 헝가리 침공을 강력히 규탄합니다.

흐루시초프 대통령께서는 즉각 헝가리에서 소련군을 철수시키는 게 좋을 것입니다.

1957년 7월 29일, 원자력의 평화적 이용을 목적으로 하는 국제 원자력 기구가 탄생했습니다.

그러던 중 1957년 10월 4일, 소련이 미국을 제치고 인공위성 발사에 성공하자 미국은 발칵 뒤집혔습니다.

소련의 인공위성 스푸트니크호가 우주 궤도에 진입하는 데 성공했습니다.

정말? 믿을 수 없어. 분명 저건 합성일 거야.

소련에 선수를 뺏기다니……

세계 최강국의 자부심을 키워 오던 미국인들은 엄청난 열등감을 느껴야 했습니다.

대체 미국 정부는 뭘 하고 있는 거야?

지금부터 중대 발표를 하겠소.

앞으로 우리 미국은 우주 개발에 박차를 가할 것이오.

모든 방법을 동원해서 1년 안에 소련을 뛰어넘는 결과를 만들어 내시오.

고정하십시오. 각하.

아이젠하워의 지시에 의해 창설된 국가 항공 우주국(NASA)은 1958년 1월 31일, 소련과 4개월도 안 되는 차이를 두고 과학 위성인 익스플로러 1호를 우주 궤도에 올려놓는 데 성공했습니다.

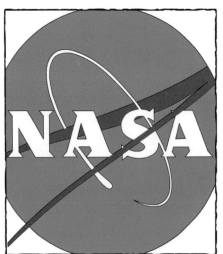

이를 계기로 미국은 더욱 우주 연구 개발에 박차를 가해 소련을 추월하고, 더 나아가 1969년 7월 2일, 인류 최초로 달에 발자국을 남기는 쾌거를 이루었습니다.

아칸소주 주지사가
센트럴 고등학교에
등교하려는 흑인 학생들을
저지하고 있습니다.

뭐라고요?

당장 주지사를 소환하여
흑백 분리 철폐 결정을
따르도록 경고하고,

흑인 학생들을
보호토록 하시오!

네, 각하.

이게 바로 평등이지!

좋은
대통령이야.

또한 아이젠하워는 미국 사회에 팽배하던 인종차별을 없애기
위해 노력했습니다.

아이젠하워 대통령께선 8년간의 재임 기간 동안 미국이 세계에서 가장 강하고 부유한 나라가 되는 것을 견고히 하였습니다.

감사합니다, 케네디 대통령님.

와하하

국민들과 여러 의원들께서는 제게 그랬던 것처럼 케네디 대통령을 믿고 그에게 힘을 주시기 바랍니다.

1961년 1월 20일, 대통령 임기를 마친 아이젠하워는 펜실베이니아의 한 농장에서 은퇴 생활을 시작했습니다.

참 많은 일들이 있었구나……

1969년 3월, 월터리드 육군 병원

일단 고비는 넘겼지만, 심장이 워낙 나빠진 상황이라……

걱정 마세요, 어머니. 늘 그렇듯 아버지는 강하신 분이에요.

여…… 여보. 어서 그레이엄 목사를 불러 주시오.

네? 네……

이제 마음이 편안해지는군요.

필요하신 게 있으면 말씀 해 주세요.

1시간이 넘었는데 무슨 말씀을 저렇게 나누실까?

오늘은 이만 가 보겠으니 편히 쉬십시오.

모…… 목사님, 마지막 얘기가 남았습니다.

무슨 말씀이신지요?

저는 이제 세상을 떠나야 할 때가 된 것 같습니다.

그런데 아직 하나님을 만날 확신이 없으니 어쩌지요?

거인의 입에서 나온 너무도 인간적이고 솔직한 말에 그레이엄 목사는 연민과 함께 가슴이 저렸습니다.

당신에게 필요한 것은 기도뿐입니다.

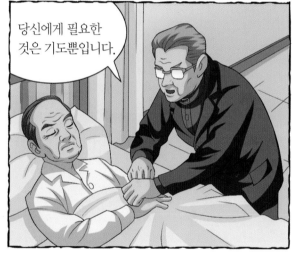

목사님 이제야 비로소 하나님을 만날 준비가 되었습니다. 고맙습니다.

워싱턴에서 열린 아이젠하워 추모 예배에는 많은 국가의 지도자들이 참석했고 그 광경은 텔레비전으로 중계되어 미국 국민들 모두가 지켜볼 수 있었습니다. 평생을 군인으로 정치인으로 세계의 안보와 평화를 위해 헌신했던 아이젠하워의 죽음에 나라가 추모 열기로 들끓었습니다.

그의 유언에 따라 사병이 죽었을 때 사용하는 평범한 관이 사용되었는데 이는 평소에 겸손하던 그의 모습이 잘 드러난 예였습니다.

who?와 함께라면 미래가 보인다

어린이
진로 탐색

군인

어린이 친구들 안녕?
드와이트 아이젠하워 이야기 재미있게 읽었나요?

그렇다면 이제부터
드와이트 아이젠하워가 꿈을 키워 가는 과정을 함께 되짚어 보며
그가 활동한 분야와 그 분야에 속한 다양한 직업에 대해
살펴봐요!

또한 여러분에게는 어떤 장점과 적성, 가능성이
숨어 있는지 찾아보면서
그것을 어떻게 진로와 연결시킬 수 있는지에 대해서도
알아봅시다!

그럼 지금부터
여러분이 멋진 꿈을 향해 나아갈 수 있도록 도와줄
진로 탐색을 시작해 볼까요?

자기 이해부터
진로 체험까지,
다양한 진로 탐색
활동을 시작해 봐요!

내가 관심 있는 직업은?

어린 시절 아이젠하워는 고대 영웅담 시리즈를 재미있게 읽었는데, 그중 카르타고의 장군 한니발의 이야기를 좋아했습니다. 아이젠하워는 한니발처럼 기발하고 대단한 전략을 생각해 내는 장군이 되고 싶다고 생각했습니다.

여러분도 아이젠하워처럼 책의 등장인물과 같은 직업을 갖고 싶다고 생각한 적이 있나요? 그 직업이 무엇인지, 또 왜 그 직업에 흥미를 느꼈는지 이유도 함께 적어 보세요.

✱ 내가 읽은 책의 제목은   입니다.

✱ 내가 흥미를 느낀 직업은   입니다.

✱ 그 직업에 흥미를 느낀 이유는

나의 재능은?

드와이트 아이젠하워는 대학 2학년 때 축구부의 응원 단장을 맡았습니다.
아이젠하워의 유쾌하면서도 강한 리더십 덕분에 학생들의 사기는 한껏 올랐습니다.
선생님들은 아이젠하워가 사람들이 그를 믿고 따르게 하는 재능을 가지고 있다고
말했습니다.
다른 사람들은 나의 재능이 무엇이라고 생각할까요? '나'에 대해 인터뷰해 보면서
나도 몰랐던 나의 재능을 더 많이 발견해 보세요.

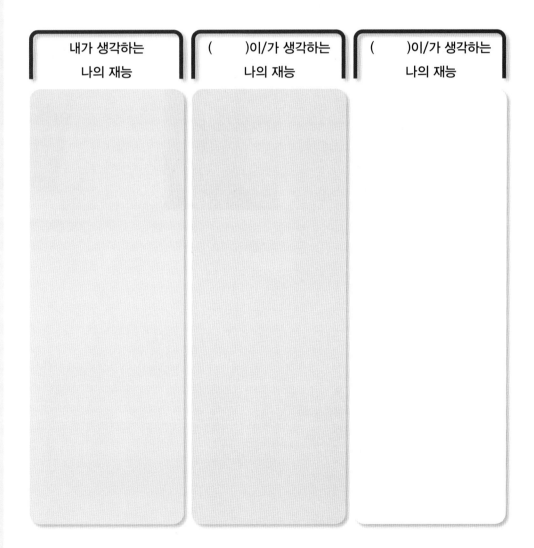

내가 생각하는 나의 재능	( )이/가 생각하는 나의 재능	( )이/가 생각하는 나의 재능

우리나라의 훌륭한 장군은?

드와이트 아이젠하워는 탁월한 전략으로 전쟁을 승리로 이끌었어요. 우리나라에도 아이젠하워처럼 뛰어난 장군들이 있었습니다. 그중에서도 여러분이 가장 잘 아는 사람은 이순신 장군일 거예요. 이순신 장군은 아이젠하워 못지않은 뛰어난 전략을 써서 적을 물리쳤습니다.

이순신 장군에 대해 조사해서 아이젠하워와 비교해 보세요. 군인이라는 직업에 대해서 많은 것을 알 수 있을 거예요.

이름	 드와이트 아이젠하워	 이순신
대표적인 전쟁	제2차 세계 대전	
승리를 거둘 수 있었던 방법	적군이 물품을 들여오는 중요한 지역인 노르망디 해안을 공격하여 적군의 전력을 약하게 만들었다.	

군대의 종류는?

드와이트 아이젠하워는 제2차 세계 대전을 승리로 이끈 전쟁 영웅입니다. 연합국
최고 사령관으로서 역사상 가장 큰 군대를 이끌고 노르망디 상륙 작전을 성공적으로
지휘했지요. 노르망디 상륙 작전은 육군, 해군, 공군이 합동하여 이루어 낸
성과였습니다.
군대는 크게 육군, 해군, 공군으로 나뉩니다. 각각 어떤 일을 하는지 알아보고 알맞은
내용을 골라 번호를 적어 보세요.

육군 (   )

공군 (   )

해군 (   )

① 가장 역사가 긴 군대이며 지상을 활동 영역으로 삼아 전투한다.
② 가장 최근에 생긴 군대로, 공중을 활동 영역으로 삼아 전투한다.
③ 바다를 활동 영역으로 삼아 전투한다.

정답: 육군 – ① 해군 – ③ 공군 – ②

진로
탐색
STEP 5

내가 가고 싶은 사관 학교는?

드와이트 아이젠하워는 군인이 되겠다고 결심하고 웨스트포인트 육군 사관 학교에 들어갔습니다. 그리고 졸업 후 곧바로 보병 소위가 되었습니다. 사관 학교는 장교를 전문적으로 길러 내는 학교로 우리나라에는 육군 사관 학교, 해군 사관 학교, 공군 사관 학교가 있습니다. 여러분은 이중 어떤 사관 학교에 들어가고 싶나요? 그 이유와, 그곳에서 배우고 싶은 것을 함께 적어 보세요.

✳ 내가 가고 싶은 사관 학교는 ⎯⎯⎯⎯⎯⎯⎯⎯⎯⎯⎯ 입니다.

✳ 그 사관 학교에 가고 싶은 이유는 ⎯⎯⎯⎯⎯⎯⎯⎯⎯

⎯⎯⎯⎯⎯⎯⎯⎯⎯⎯⎯⎯⎯⎯⎯⎯⎯⎯

⎯⎯⎯⎯⎯⎯⎯⎯⎯⎯⎯⎯⎯⎯⎯⎯⎯⎯

⎯⎯⎯⎯⎯⎯⎯⎯⎯⎯⎯⎯⎯⎯⎯ 입니다.

✳ 그 사관 학교에서 배우고 싶은 것은 ⎯⎯⎯⎯⎯⎯⎯

⎯⎯⎯⎯⎯⎯⎯⎯⎯⎯⎯⎯⎯⎯⎯⎯⎯⎯

⎯⎯⎯⎯⎯⎯⎯⎯⎯⎯⎯⎯⎯⎯⎯⎯⎯⎯

⎯⎯⎯⎯⎯⎯⎯⎯⎯⎯⎯⎯⎯⎯⎯ 입니다.

178

국립 현충원에 가 보자!

나라를 위해 목숨을 바친 분들을 순국선열이라고
합니다. 현충원은 순국선열의 넋을 기리기
위해 만들어진 곳으로 서울과 대전 두 군데에
있습니다. 서울에서 국군 묘지로 만들어졌다가
국립 현충원으로 이름이 바뀌었고, 공간이
부족해져 대전에 추가로 만들었습니다. 한국
전쟁에서 전사한 군인들 외에 독립운동가,
대통령, 그리고 임무를 수행하다 순직한
경찰관과 소방관 등의 묘역이 조성되어
있지요.
현충원에서는 현충원을 소개하고 애국심을
전하는 영화를 상영하고 있습니다. 또한
순국선열이 남긴 유품들, 우리나라가 시련을 극복하고
발전하는 과정을 보여 주는 사진 자료들도 함께 전시하고 있습니다.
국립 현충원에 가게 되면, 경건한 자세로 순국선열들께 감사의 마음을 전해 보세요.

국립 서울 현충원 전경

국립 대전 현충원의 현충문

드와이트 아이젠하워

연표

1890년		10월 14일, 미국 텍사스의 데니슨에서 6형제 중 셋째 아들로 태어났습니다.
1915년	25세	웨스트포인트 사관학교를 졸업함과 동시에 보병 소위로 임관하여 텍사스주 샌안토니오로 발령받습니다.
1916년	26세	7월 1일, 마미 도드와 결혼을 합니다.
1921년	31세	첫아들이 성홍열로 죽습니다.
1922년	32세	둘째 아들 존이 태어났습니다.
1928년	38세	육군 대학을 졸업하고 프랑스로 발령을 받습니다.
1929년	39세	11월 8일, 육군 차관보실의 보좌관이 됩니다.
1933년	43세	육군 참모 총장 더글러스 맥아더의 참모가 됩니다.
1942년	52세	아버지가 세상을 떠났습니다. 11월 8일, 연합군의 프랑스령 북아프리카 침공 작전인 '횃불 작전'을 총지휘합니다.

1943년	53세	5월, 횃불 작전을 성공적으로 완수합니다.
		12월, 유럽 전선 연합군 총사령관에 임명됩니다.
1944년	54세	6월 6일, 역사상 최대 규모의 군대로 이루어진
		노르망디 상륙 작전을 개시합니다.
		12월, 5성 장군인 육군 원수로 진급합니다.
1945년	55세	11월, 육군 참모 총장으로 임명됩니다.
1946년	56세	9월 1일, 어머니가 세상을 떠났습니다.
1951년	61세	1월, 북대서양 조약 기구(NATO)의 최고
		사령관으로 취임합니다.
1953년	63세	1월 20일, 제34대 미국 대통령으로 취임합니다.
		7월 27일, 6·25 전쟁을 휴전으로 끝냅니다.
1957년	67세	7월 29일, 국제 원자력 기구가 정식으로
		발족합니다.
1958년	68세	7월, 국가 항공 우주국(NASA)을 창설합니다.
1969년	79세	3월 28일, 심장병으로 사망합니다.

찾아보기

who? 한국사

초등 역사 공부의 첫 단추! '인물'을 알아야 시대가 보인다

● 선사·삼국   ● 남북국   ● 고려   ● 조선

※ who? 한국사(전 47권) | 대상 초등학교 전 학년 | 책 크기 188×255 | 각 권 페이지 190쪽 내외

---

who? 인물 중국사

인물로 배우는 최고의 역사 이야기

※ who? 인물 중국사 (전 30권) | 대상 초등학교 전 학년 | 책 크기 188×255 | 각 권 페이지 190쪽 내외

---

who? 아티스트

최고의 명작을 탄생시킨 아티스트들을 만나다

● 문화·예술·언론·스포츠

※ who? 아티스트(전 40권) | 대상 초등학교 전 학년 | 책 크기 188×255 | 각 권 페이지 190쪽 내외

who⁇ 인물 사이언스

기술로 세상을 발전시킨 과학자들의 이야기

※ who? 인물 사이언스 (전 40권) | 대상 초등학교 전 학년 | 책 크기 188×255 | 각 권 페이지 180쪽 내외

who⁇ 세계 인물

세상을 바꾼 위대한 인물들의 이야기

※ who? 세계 인물 (전 40권) | 대상 초등학교 전 학년 | 책 크기 188×255 | 각 권 페이지 180쪽 내외

who⁇ 스페셜 · K-pop

아이들이 가장 만나고 싶고, 닮고 싶은 현대 인물 이야기

※ who? 스페셜 · K-pop | 대상 초등학교 전 학년 | 책 크기 188×255 | 각 권 페이지 190쪽 내외